零售的行为经济学解构

用行为经济学的方法看待和改善业绩

李林 著

北京大学出版社

内 容 简 介

目前,我国零售业正处在一个非常困难,但充满希望的时期。困难在于,在电商蓬勃发展、直播蔚然兴起的情况下,零售业管理者缺乏新方法,一线从业者缺乏新动力;希望在于,绝大部分零售业从业者已经意识到了问题所在,开始尝试进行改变与突破,有改变,就有希望。

本书结合笔者多年的工作经验,尝试用新方法、新工具,帮助传统零售业迎来新的增长点。

本书共四章,包括零售中的思维惯性和线性错觉、行为经济学中的消费心理探秘、行为经济学中的成交促成术、用行为经济学的原理重建零售团队,都是一线从业者亟待学习与掌握的知识。相信对零售感兴趣的读者,无论是零售经营管理者,还是新零售从业者,都会在阅读本书的过程中产生共鸣,进而有所感悟和思考。

图书在版编目(CIP)数据

零售的行为经济学解构 / 李林著. —北京:北京大学出版社,2024.1
ISBN 978-7-301-34748-5

Ⅰ.①零… Ⅱ.①李… Ⅲ.①零售—经济学 Ⅳ.①F713.32

中国国家版本馆CIP数据核字(2024)第003608号

书　　　名	零售的行为经济学解构 LINGSHOU DE XINGWEI JINGJIXUE JIEGOU
著作责任者	李林　著
责 任 编 辑	滕柏文
标 准 书 号	ISBN 978-7-301-34748-5
出 版 发 行	北京大学出版社
地　　　址	北京市海淀区成府路205号　100871
网　　　址	http://www.pup.cn　　新浪微博:@北京大学出版社
电 子 邮 箱	编辑部 pup7@pup.cn　总编室 zpup@pup.cn
电　　　话	邮购部 010-62752015　发行部 010-62750672　编辑部 010-62570390
印 　刷 　者	天津中印联印务有限公司
经 销 者	新华书店
	720毫米×1092毫米　16开本　15.5印张　230千字 2024年1月第1版　2024年1月第1次印刷
印　　　数	1–4000 册
定　　　价	69.00 元

未经许可,不得以任何方式复制或抄袭本书之部分或全部内容。
版权所有,侵权必究
举报电话: 010-62752024　电子邮箱: fd@pup.cn
图书如有印装质量问题,请与出版部联系。电话: 010-62756370

用新方法解决固有问题。这一做法，在绝大多数行业有着深远的启发作用。

本书聚焦零售业，这个行业有着诸多复杂、困难、易反复的问题需要解决。一直以来，从业者大多在试图使用非常传统，甚至是从人类有商业集市起就开始使用的方法（经验）解决这些问题。

能否用全新的视角看待零售业，找到全新的方法解决问题呢？

怀揣着这种想法，我思考了第一个问题：**零售业的经典理论，真的经典吗？**

我在零售业工作期间，没有看到过一次历史的重复，即便在街角小店，每天服务几乎相同的人群，也从来不会有相同的销售情况发生两次。只要足够敏锐，没有哪段历史可以套住当下，没有哪次当下没有拓展以往的认知。

这才是现实世界的本来面目，理论永远是滞后的，而现实永远在诞生中。理论与现实的对撞，构成了我思考的基石。我不得不质疑经典，不是质疑经典本身，而是质疑经典在当下以及未来面对新问题的适用性。

当今商业世界在反复证明一件事——墨守成规的商业体会以极快的速度被淘汰，留下一大堆赤红债务和顾客还未来得及消费的购物卡。只有那些有自我更新能力的商业体能持续活着，这种自我更新能力的本质，目前看来，是彻底的质疑精神。

对以往业绩的质疑，对战略规划的质疑，对经典理论的质疑，以及对预判的质疑。

在这样的认知基础之上，我觉得我们可以打破禁锢，直抒胸臆。但对于特定领域，尤其是历史悠久的零售业，我不得不再思考一个问题。

我的第二个问题：**零售是由原理驱动的吗？**

通常来说，零售（很难找到"零售学"这种说法）并不被认为是严肃的学科。零售被认为是杂糅的，是混合了许多方法论和经验之谈的学问，甚至很多人不认为零售是一种学问，而认为零售是一种艺术。

这种传统认知在某种程度上阻碍了零售技术（或者艺术）的发展，零售成了管理系统的附庸。

幸运的是，近年来，心理认知学、行为经济学、消费动力学等学科的发展，给了大家重新认识零售业的机会，让大家逐渐意识到——零售有其内在原理，依从原理，大概率能取得好的结果，违背原理，则很可能会遭遇坏的后果。

在这种情况下，我开始思考第三个问题：**什么范畴的理论可以推动零售学科的发展？**

从经济学家丹·艾瑞里的《怪诞行为学》中，人们嗅到了一种不同的东西，即通过科学实验证明人们行为中的某种稳定规律，并找到其心理学的内在原因。这种更接近自然科学的方式（可以被反复试验），为社会学科升级了一次装备。

丹尼尔·卡尼曼在其"前景理论"研究中，从更深层的心理学角度，对人们的行为给予了更严谨的解释。这些解释描绘了一个空前美丽的前景——对于人类行为的研究可以摆脱圣人与先知的"真理"，通过实验室学者的工作台触碰，获得那些不需要灵感和天赋的"神秘觉悟"。经反复实验，人们发现，这觉悟并不神秘，它只是某种原理。

2017年诺贝尔经济学奖获得者理查德·泰勒的研究更进一步，他把这些实验室理论拿到现实世界中进行尝试和推行，收获了巨大的关注与认同。

从此，世界不同了，那些反应迅速的后生领域最先开始在这个金矿中掘金，交通道路学、刑侦学、广告学、新媒体传播学……都开始融合更多、更深的行为经济学理论，为己所用，翻新认知。是时候让传统的零售业进入这里掘金了，大象跳舞，势必惊艳。

带着对这3个问题的思考结论，我意识到，应该摆脱传统的第一视角——零售从业者的经验视角，以及隔靴搔痒的第二视角——店铺顾客的体验视角，开辟新的视角来看待零售业。这种视角的本质在于把零售的买卖双方客体化，以旁观者的视角来审视和研究其中的法则、原理，力求用更客观、更有效的方式实现零售过程的改善和变革。

因此,我确定了探索和表达的方向——用行为经济学的理论来看待零售、解释零售,争取带给零售业全新的视角和行动方向,带来零售结果的真正改善。

用行为经济学的内核改造零售业的惯例和传统,是写作这本书的根本出发点。

有了出发点,想要到达目的地,还需要绘制符合现实情况的路线图。

本书的逻辑金字塔如图 1 所示。本书按从下至上的步骤,层层进阶,力求一层一层地启发读者关于零售的思考,加深读者对零售的认知。

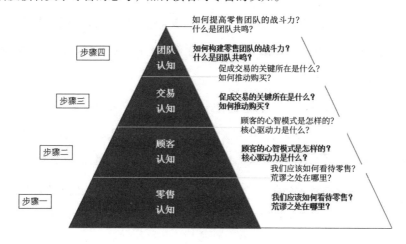

图 1　逻辑金字塔

我们从零售认知开始,不破不立。

在这一部分,我们一起对零售的传统认知加以反思,主要是反思那些我们几乎不曾质疑的认知。我们会挑战权威,也会挑战"挑战"本身。本书不鼓励为了反对而反对的行为,也不坚持新事物一定代替旧事物的论调,这是另一种更无趣的经验主义。本书批判的,是不思考,不观察,直接得来"正确答案"的行为;本书主张的,是亲历现场,深入战场,发现荒谬,得到更理智地看待世界的视角和更理性的意识。

这是行为经济学对于零售经营的元认知,也是本书的基本点。

读完第一章,大家会发现,拨开迷雾,以第三方视角看零售、理解零售业诸多现象的行为经济学本质是可以做到的。

进入第二层,我们会聚焦于对顾客的认知,即对顾客心智模式的研究。我们要了解我们的顾客，这种了解比了解商品本身更重要。

是什么创造了顾客需求？如何创造顾客需求？为什么要创造顾客需求？没有顾客需求的世界，是否依然可以卖货？

千万不要认为这些问题是无意义的虚假问题，只有明白虚假的范围，才能更清楚地看到真实世界的边界。

这些探索之所以没有持久地停留在哲学范畴，是因为行为经济学的出现，以及无数先行者在这个领域长期的、曲折的开拓和探索。人的思维模式和行为模式之间存在一种超乎想象的稳定的逻辑关系，这不仅是了解顾客行为的突破口，也让购买行为的内在动力可以被研究和复制。

建立零售认知和顾客认知后，我们进入第三个层面，交易认知。

这一部分有很多技巧性的操作方法，以及被很多零售人称为"诡计"或"窍门"的东西。本书不会停留在对技巧的介绍和展示上，因为技巧是随着环境和时间的变化而变化的，定制化技巧才是真正有价值的技巧。通过对交易行为的内在原理进行界定和了解，我们会明确技巧发挥作用的内在机制，从而根据自身商品的门类和所处商场的特点，争取更多交易。

这一部分分析会在某种程序上脱离营销传统，更贴近个体行为学的研究范式。读完这一章节，大家应该会形成全新的对于营销的观感。

最后一层，团队认知，聚焦零售团队的战斗力提升。

这一部分，我们主要探讨"团队共鸣"。团队共鸣有很多表现维度，随着本书从各种角度对其加以展现，大家会越来越强烈地感受到它的重要性：**强大的观念和个体永远替代不了强大的系统和团队，唯有整合，才有黏性；唯有黏性足够强，才能足够持久。**

需要阐明的是，本书的4个章节是彼此独立的，读者可以根据自己的需要跳跃阅读。不过，这4个章节的排列有着清晰的逻辑关系，是高度相关的整体，逐层了解和思考，会得到更全面、更深入、更具拓展性的认知。

目 CONTENTS

01 第一章 零售中的思维惯性和线性错觉

1.1 业绩中的波动游戏
　　正确理解销售中的波峰和波谷..................................002

1.2 正确认识"术语"
　　合理判断经验的作用和陷阱..................................007

1.3 可疑的会员与客户忠诚
　　对客户忠诚度保持必要的质疑..................................012

1.4 甩卖中的价格回归现象
　　价格波动是正常的，不要为甩卖而"甩锅"..................017

1.5 折磨零售从业者的因果依赖
　　无法摆脱错误归因，就会折磨常在..................................021

1.6 仓促是注意力稀缺的外在表现
　　恐惧错误，不如总结错误..................................024

1.7 零售业中的培训依赖症
　　霍桑实验给零售业培训工作的启发..................................031

02 第二章 行为经济学中的消费心理探秘

2.1 延迟满足的秘密
　　懒得买才是真实声音，两个戒除懒惰的行为策略..................036

2.2 消费者心理价格
　　每样产品都有其心理价格，需要与标价牌找平..................042

2.3 顾客眼中的店铺动线
　　根据行为经济学，规划迎合"懒人"的动线..................049

2.4 "强迫症"也能为零售业所用
　　顾客的若干强迫症表现和应对策略..................................056

2.5 销售过程中的"答非所问"
　　把复杂问题变简单的"简化三问"..................................062

2.6 首因效应的零售应用
　　店铺第一印象效应的分析及营造 068

2.7 满减与折扣的差异
　　从顾客的心理敏感区出发，思考两种促销方式的不同 073

2.8 顾客目标与迎宾策略
　　根据顾客的进店目标，选择不同的迎宾方式 077

2.9 顾客行为中的认知松弛度应用
　　了解并使用认知刻度盘 082

03 行为经济学中的成交促成术

第三章

3.1 标价牌的锚定效应
　　利用标价牌，调动顾客的购物欲望 089

3.2 稀缺性在零售中的应用
　　利用限量销售，激活顾客的购物欲望 094

3.3 利用双系统，开辟双通道
　　导流与卖货并行，系统提升业绩 100

3.4 互惠原理在线上社群中的应用
　　线上经营的活跃度提升策略 106

3.5 试衣间里的秘密
　　试穿效应的商业价值及提升之道 110

3.6 店铺陈列的神奇之处
　　让商品更好卖的秘密 117

3.7 禀赋效应的促单机制
　　让顾客拥有"自己的物品"的秘密 122

3.8 免费效应的强大作用
　　包不能治百病，免费的包才治百病 129

3.9 损失厌恶的转换和价值
　　损失机会不如损失金钱 136

3.10 符合框架效应的销售话术
　　直击人心的销售点穴术 143

3.11 视觉对于购买决策的影响
　　画面感对促进成单来说很重要 148

第四章
04 用行为经济学的原理重建零售团队

4.1 零售团队的表层目标与底层目标
　　生存是组织的第一目标 156

4.2 行为经济学视角的规则
　　是进行时视角，还是完成时视角 165

4.3 看不见的领导力
　　店员普遍觉得领导很好当，但普遍不胜任 171

4.4 店员行为中的外部性
　　改善员工情绪（满意度）的价值和操作 177

4.5 晕轮效应的诱惑
　　学会用数据说话，而不是用经验说话 187

4.6 峰终定律与团队工作安排
　　先苦后甜对于团队管理的重要性 192

4.7 团队效率与降低大脑负载
　　理解大脑记忆原理，改善团队工作效率 199

4.8 典型性归因与概率误判
　　针对奇怪店员的合理应对 206

4.9 社会规范还是商业规范
　　使用不同的规范，改善团队氛围 211

4.10 行为经济学视角的团队效能评估
　　对"开心果量表"的认知和操作 217

4.11 用行为经济学原理更新团队认知1
　　接纳未知，探索未知的意义 222

4.12 用行为经济学原理更新团队认知2
　　自由意志与自由选择原则的应用 227

结　语 234

第一章
零售中的思维惯性和线性错觉

一直以来，我们有一种深厚的"自然科学素养"，这是长期受学科教育熏陶的"成果"——认为一切都是因果必然的。也就是说，我们看到任何事情的任何结果，都发自内心地判定，一定是某些已经发现或尚未发现的原因导致了这些结果的出现。这是人们普遍存在的"线性错觉"——认为世界的运转是有固定模式的，比如付出必有回报、会员总会消费、培训必有改善……实际上，可能恰恰相反，世界的运转是混沌的、无规律的、因果错乱的……尤其是在风云变幻的零售世界，秉持"线性世界观"的人会有越来越多的疑惑和困扰，直到理解了自己的"线性世界观"只是一种"线性错觉"，才有机会走出一条不那么辛苦的路，一条曲径通幽的路。

1.1 业绩中的波动游戏
正确理解销售中的波峰和波谷

一 生意的好坏，到底和什么有关

零售从业者喜欢称自己的事业为"生意"，这种称呼会唤起自己的主人翁精神，让自己有一种把握全局的掌控感。姑且不说这种掌控感是否真实，我们来聊一聊，"生意"的好坏，到底和什么有关？

如果你问零售企业的CEO（首席执行官）、资深经理、王牌教练、零售达人，估计得到的回答将略显高端，比如领导力、执行力、管理方式（方法），甚至零售数学与技巧。原因很简单，在这些人的职业生涯中，除了一线管理工作，消耗了大量时间在类似的培训中。处于职业生涯中层时，他们在接受这些培训（被灌输）；处于职业生涯高层时，他们在给下属进行这些培训（自我强化），经过长期的学习和教育，他们无法接受这些学问无效。这是一种很难逃离的成本陷入倾向，久而久之，他们会把自己工作中的成绩归功于掌握了这些学问，把别人工作中的不足归因于缺乏这些学问。有意思的是，他们几乎从来不把自己的工作失误，归因于这些学问的局限。

如果对媒体精英或意见领袖提出相同的问题，很可能会得到不太相同的答案，比如，市场环境、社会环境、消费趋势，甚至国家战略方向。道理（归因）很简单，这是媒体人士最熟悉的领域，他们会用一种看似中立的态度，把自己最熟悉的术语和道理用最华丽的方式表达出来。然而，这和零售业高管、资深从业者的结论一样，未必是真理。

假如有机会把这个问题拿给统计学家，比如乔治·博克斯这种看待世界冷酷且中立，只讲理性，不讲感性的大师，得到的答案估计会让所有人惊叹——"生意"的好坏，和以上这些都没有关系。

乔治·博克斯有这样一句名言："所有的模型都是错的，只是有些模型有用而已。"

长期观察零售业数据，并用一种事不关己的"第三方"视角进行严谨的、冷漠的分析后，大家大概率会得出和博克斯相同的结论。零售业的市场成绩，似乎和领导力、管理能力、消费趋势、市场环境等因素都没有关系，只是形单影只地呈现波峰与波谷的波动。如果非要找一个因素和它形成某种相关性，可能只有国内生产总值（以下简称GDP），或者类似的综合性、宏观性数据。

二 神奇的波峰与波谷

某国内零售企业近3年的销售业绩如图1-1所示。我们选取最有代表性的同店同比增长值画出波动曲线，可以看出，随着该企业对培训的持续投入、管理能力的持续提升、领导力的持续强化,波动曲线并不是线性增长的,甚至不是整体向上的,它呈现明显的波动趋势。在可以预见的未来,这种趋势会持续。

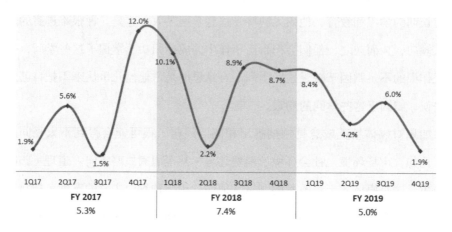

图1-1 某零售企业近3年的销售业绩

我们再看图1-2,这是中华人民共和国国家统计局发布的2011—2019年中国GDP的增长率曲线。从图1-2中,我们可以看到明显的波状下降趋势,和图1-1中的波动曲线做对比,可以勉强得到一种相关性。

图1-2 2011—2019年,中国GDP的增长率曲线

同一时间,其他零售企业的数据也不约而同地呈现类似的波动。实际上,不只是这段时间,调出近100年所有企业的销售业绩,大家会发现业绩曲线均呈现类似的上下波动趋势。美国管理学家托马斯·彼得斯和罗伯特·沃特曼创作《追

求卓越》（首次出版发行于1982年）时追踪研究了62家美国成功企业，这些企业大多随着岁月流逝归于平庸，不再影响时代。在《追求卓越》中，托马斯·彼得斯和罗伯特·沃特曼归纳总结了的对业绩起关键作用的八大外力，现在看来，神力不再。

如果大家感到匪夷所思，大概率是因为这种结论和我们长期被教育的"只要努力就一定会成功"的观念相左，也和大多数人的文化价值观不符。

这是一个十字路口。如果你坚信以往的认知是绝对正确的、不容置疑的，不打算尝试接受反传统的、不可思议的观点和思考，那么你可以合上此书，回到常规路径，就当这一切都没有发生。如果你打算敞开心胸，让质疑精神主宰你的思考和反思，那么你可以继续读下去，有可能，你会窥探到零售游戏中最大的秘密——那些无法定量、看似模糊但真实影响着零售业绩的行为因素。

电影《黑客帝国》里有一句名言："在走向未来的道路上，逃避真相不是勇敢，面对真相才是。"

三 正确认识波峰与波谷

令人感到欣慰的是，部分零售一线的店铺导购拥有比他们的经理、领导更大的勇气。在我对他们问出相同的问题时，得到的回答与"宏观业绩趋势图"惊人的一致——关于业绩好坏，他们普遍回答："我们看天吃饭，天气好，生意就好，天气差，生意就差。"

在询问他们对于销售业绩的看法时，他们中的许多人展现了率真的谦逊，认为自己的能力和销售业绩关系不大，相比自己学到的销售话术与商品知识，个人性格对业绩的影响更大一些。关于对未来的预测，他们甚至毫不怀疑自己的工作终将被人工智能、机器人替代。

这种基层观点有其狭隘之处，不过很接近事实。对于零售业观察者，特别是对这个行业寄予厚望的从业者、投资者来说，听天由命显然是不能容忍的，即使我们的努力只是模糊地发挥影响,也要有所作为。这就是我们接下来要谈的内容——在零售业图谋发展,可以做点什么。注意,要在尊重潜在规律、敢于放下旧观念的基础上去做。

波峰与波谷规律是一种潜在规律,这是不可能被破除的规律,也没必要去尝试破除。我们应该放下"不好的一定要扭转,好的一定要更好"这种旧观念,只有这样,我们才有机会确立新的思考方向和行动目标,尽可能拉长波峰周期,缩短波谷周期。

要对波动正确认知并施加影响,需要先识别波动。我们可以用一个简单的方法来推断波动规律:先以过去4年的业绩延长线为基准线,基准线之上为波峰,基准线之下为波谷,再按照波动周期顺延,比如,过去4年的业绩,2年为波峰,2年为波谷,那么未来4年,也被认为会按照这种规律发展。

如图1-3所示,展现的是某零售企业2015年以来的销售业绩。

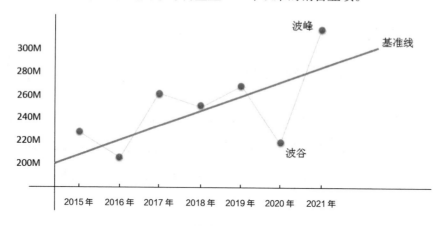

图1-3 某零售企业2015年以来的销售业绩

2020年和2021年的销售业绩是该零售企业的市场部给出的预测值,我们可以看到,销售趋势总体是增长的,增长幅度和GDP的增长幅度相似,而在增长过程中,呈现波动的趋势。

作为零售从业者,我们能做什么呢?

简而言之,判断出未来的波峰及波谷区间后,在高于基准线的波峰区间,策略是求稳，尽可能维持现状，延缓趋势的变化；在低于基准线的波谷区间，策略是求变，尽可能推陈出新，不落俗套，努力促成或加速趋势的变化。

对其加以总结，见表1-1。

表1-1 不同业绩区间的不同策略及行动方案

业绩区间	基调策略	行动方案
波峰区	求稳	多储备，少投资，多思考，少行动
波谷区	求变	多试验，少苛责，多行动，少迟疑

除此之外，我们需要怀揣一种信念：如果事情进展得顺利，大概率和你正在做的事没什么关系，只是系统惯性的结果；如果事情进展得不顺利，也应该和你正在做的事没什么关系，只是大的市场环境所致。你所能做的最好的事，就是在事情变好的时候不要阻拦，任其自由发展；在事情变坏的时候不要手忙脚乱，弄得更糟，而要静观其变，等待时来运转。

这看似消极，但有助于我们反思事物的本质。

1.2 正确认识"术语"
合理判断经验的作用和陷阱

一 行业"大佬"的术语攻击

当一位新入职的"小白"，在正式场合遇到了一位行业"大佬"，最常发生的事情是什么？大家大概猜到了，是行业术语的暴击，随之出现的是行业"小白"

久久不能平复的心情。

有一次，我跟随一位督导去巡店，这位督导有着十多年的行业经验，处事雷厉风行，浑身上下散发着铁娘子的气息，能让人在10米开外感受到她的气场。要去的这家店，两个月前从友商那里高薪"挖"来了一位新锐店长，很年轻，有"90后"特有的灵动气质。之前的经历告诉我，这位督导大概率会给这位"90后"店长一个下马威。

果不其然，见面之后，督导问店长的第一句话是："上周我看到UPT（客单量，即平均每个顾客购买货品的数量）下降了0.2，你有什么解释？"

店长听到后一头雾水，站在原地反应了几秒钟才意识到了什么，回答说："哦，对，上周我们上了新款货品，大家对新款货品还在熟悉中，所以我觉得客单量下降算正常情况。"

督导追问道："嗯，能看出来你们对产品的PI（顾客渗透率）不熟，尽快给培训feedback（反馈），让店员们准备TP（TPshop新零售系统），我们要的是在高ATV（客单价）状态下的高UPT，而且不能以稀释CR（客户关系）为代价，明白吗？"

这位店长使劲点头，职业又惊恐的笑容背后，我能感受到她在调动全部脑细胞来思考这位资深督导刚才到底在说什么。

这位督导的行为在行业内非常常见，以至于在某种程度上，职业资历的深浅已经和掌握术语的多少画上等号了。

客观地说，这并非没有积极意义，毕竟在信息不对称的时候，术语的掌握情况可以用来快速地检验一个人的专业程度。比如，教育体系中的大多数考试是"术语测验"，无论是语文、数学、历史，还是物理、化学、生物，名词解释类试题都占比颇高。只不过，在零售业中，术语掌握程度和专业能力之间的关系是单向影响，而不是双向影响。

也就是说，专业能力越强，从业经验越丰富，术语掌握得越多，这是对的。反过来，因为术语掌握得多，就判定专业能力强、经验丰富，这是错的。

但因为人们很难搞清楚单向影响和双向影响的区别，极端喜欢将事务简化处理（大脑的偷懒偏好），所以在大多数人看来，术语多意味着专业强。这一普遍观念给普通从业者提供了一种求生策略，也造成了一种人力资源认知偏差：人们为了证明自己的专业能力，开始虚增术语，甚至在明显不需要术语的地方故弄玄虚，或参加许多以术语倾销为目的的培训、读一些以术语堆积为亮点的书。当这种现象越来越严重，专家不再是经验和能力的集合体，而成了储存术语的容器。

上文中的督导故事还没有讲完。在那名资深督导以训诫的口气陈述完她掌握的零售术语后，"90后"店长带着崇拜的眼神，诚恳地提出了她的核心问题："现在的问题是店员对新款货品不了解，毕竟公司做这一业务的时间不长，大家都在摸索，话术没有统一标准，全靠个人发挥。希望总部能尽快给我们安排培训，这样……"

大概是觉得店长对自己所说的术语没有完全理解，这名督导打断了店长的话："我刚才说了，培训要做，但不能依赖培训，你们要有主动性。核心是UPT，没有UPT的ATV是被动的，两个月后变季，夏款一上新，ATV立刻腰斩，明白吗？"

店长继续使劲点头，面对眼前这位督导的强势，她没办法抵御，也没能力反驳，而且她突然意识到，这个人帮不到自己，对自己的痛点没有觉察，或者说，不想觉察。这位督导在乎的只是数据，而不是方法，这位督导无法带来有用的资源，只是一个下命令的管理者。

从基层走上来的中层管理者，对这种情况应该都不陌生——咄咄逼人的上司，专业十足的术语，谈吐中带着拒绝回答任何低端问题的气质。

如果你对这些术语理解不到位，说明你还没有资格去和他们对等交谈；如果你完全掌握这些术语，那么，会有更高级的术语等着你，直到你遇到了自己知识边界之外的术语，被证明学识尚浅，对话告一段落。至于你的问题？这不重要，重要的是"你没有找到真正的问题"。

很多人没有意识到，过度使用术语有一个大问题，即许多行为经济学家提到的一个现象——是语言限制了人们对世界的观感,而不是世界限制了语言的使用。人们往往对无法描述的事物视而不见,通常会在术语中离开真相,忽视核心问题,转而锁定在那些因为语言的局限而出现的虚假问题上。

这句话有些拗口,我用具体事例来说明。

"库龄结构"是零售店铺常用的术语,指由不同货品的库存时间构成的库存周转情况,主要用于分析店铺的周转率。因为这个术语涉及的因素比较多,很难一眼发现其中的因果关系,所以常被模糊使用,导向错误的方向。

在一次月度管理会上,地区经理对一家店铺的周转率提出了质疑:"大悦城这家店客流量很大,滞销却这么多,到底是哪里出了问题?店长起来说一下。"

店长急忙解释:"经理,是这样的,我们上个月分析过库龄结构,确实存在不合理的情况——超过6个月的货品占30%,超过4个月的货品占20%,超过2个月的货品占10%,当月售罄的货品占40%,是最多的。根据督导的指导,合理的库存结构应该是1234,而不是我们目前的3214。问题很明显,我们要争取在2~4个月内售出目前停留时间超过6个月的库存。"

地区经理听得一脸茫然,回过神来后,一脸怒气地说:"你的零售数学不错,但理解有问题。我问你滞销的原因,你在说什么?"

店长这才意识到自己答非所问了,不但没有解释清楚自家店的问题,还给经理留下了"喜欢卖弄学问"的负面印象。

经理问的滞销原因,的确可以从库龄结构方面入手进行分析,但这不是一两句话能说清楚的,执着于使用这个术语,反而会弄巧成拙。如果该店长站在更"外行"的角度,也许更容易抓住经理的问题的实质——很大可能是销售力不足。并从销售力不足这个角度,带出爆款存货不足、导购人手不足、导购能力不足、陈列布局不合理等更具体的问题,以便经理在理解之后,给予切实的解决方案和支持。

二 术语背后的真实含义

我们工作中的专业能力成长，往往分两个阶段进行。

第一个阶段，由浅入深，主要是做加法。我们会在实践操作和理论学习中接触并记忆很多专业术语、流程方法、处理技巧，随着这些知识的累加，我们的自信程度会快速上升，甚至到达自负的程度。

第二个阶段，由深入浅，主要是做减法。在反复实践和事后反省中，我们会参透名词和术语背后的真实含义，逐渐放下对表面功夫（华丽辞藻）的执着，深入本质，并在追索本质的过程中简化不必要的东西，逐渐接近、领略朴实无华的真知灼见。

社会心理学领域有一个著名学说，被称为达克效应或邓宁-克鲁格效应，是对这种现象的精辟说明，如图1-4所示。

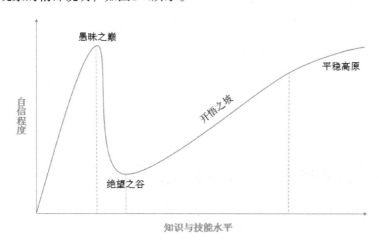

图1-4 达克效应（邓宁-克鲁格效应）

具体而言，达克效应展示的是如下过程。

随着知识水平和技能水平的提高，人们会到达一个被称为"愚昧之巅"的地方。"愚昧之巅"是一种比喻，指个人自信心爆棚的阶段。"愚昧之巅"不允许人们待很久，毕竟蓝海是短暂的，红海是永恒的，很快，人们会遭受现实的打击,并自我感慨:学到的那么多知识并没有发挥作用,人生仿佛变换了颜色。带着这种感慨,人们跌入绝望之谷,即自信水平最低的阶段。接受现实并面对现实之后,人们踏上漫长的开悟之路,逐渐放下自负和偏见,正视现实,去伪存真,不断深入学习,把知识和技能内化,让其发挥应有的作用。一段时间后,人们的自信心会有所恢复,直到到达被称为"平稳高原"的地方,即自信心和知识技能水平都很高的阶段。

综上所述,对于术语,并不是要无脑抗拒,而是要怀有警惕心,对行业前辈脱口而出的术语(黑话)进行必要的思考和质疑。如果碰到别人拿着术语来"暴击"你,不必战战兢兢,诚惶诚恐,要知道,那些习惯于用输出术语来展示"专业"的人,大概率没有处在顶尖位置——爱因斯坦能用小学生都听得懂的知识解释相对论,这才是大师。

当然,我们应该承认,术语是现象的抽象和总结,是知识的浓缩,并非一无是处。认知是不断进阶的过程,当我们顺其自然地积累知识,并由此领悟术语时,才算是真正实现了让术语为我们所用。

1.3 可疑的会员与客户忠诚
对客户忠诚度保持必要的质疑

物理学家理查德·费曼说过一句和物理学关系不大的话,而这句话对于大多数人来说比物理学知识更重要:"首要原则是不要欺骗自己,自己是最容易被欺骗的人。"

关于自我欺骗,目前大多数人能意识到,这是普遍现象,特别是当我们被各种说法"洗脑",且欲念非常强烈的时候,现实就会被念想所扭曲。比如,我们在沙漠上行走,极端渴望水源的时候,远处的云朵很可能会变成冰山的样子,地平线处的浮尘则很可能会变成绿洲的形状。想到什么就很可能会看到什么,这是人类大脑的一种特质,对这种特质加以了解和理解,可以破解现实中的很多谜团。

如果只是沉溺于自我欺骗本身,倒没什么严重后果,通过和其他人交流互动,我们往往能够自我更正,回到现实中来。真正严重的后果产生于我们说服自己相信谎言,并且为这种谎言编造各种各样的理由,让谎言越来越大,最后无处不在。

2017年左右,不知从哪家便利店(或者"独角兽"公司)开始,兴起了会员营销。简而言之,就是动用一切可以动用的资源,从内部的员工奖金,到外部的赠品计划,全方位、全时段地展开"拓展会员池"活动。

大概几个月的时间,我就成为不少于6家便利店的会员。成为会员的理由很简单,店员强力推荐,以及唾手可得的好处:成为会员,就可以享受诸如买一送一的优惠,本来可乐4元/瓶,动动手指,成为会员,付4元可以拿走两瓶,何乐而不为?这种优惠没有任何拒绝的理由。

于是,那段时间,我的饮料费用锐减。我甚至会为了维持低成本,多穿过一条马路,多行走大约100米的距离,购买有买一赠一活动的可乐。

但是好景不长,大概两个月后,多家便利店不约而同地取消了买赠促销活动,我的可乐成本从2元/瓶回归了4元/瓶。在我的每日支出清单上,这多支出的2元/瓶是以损失的形式存在的。

根据损失厌恶倾向——丹尼尔·卡尼曼的研究结论,同样价值的货币,损失的心理感觉会三倍于收益,也就是说,从4元降到2元,我感觉赚到了2元,而从2元涨回4元,我不是感觉没赚到2元,而是感觉丢失了6元。对于一天要喝3瓶可乐的我来说,这可不是一个小数目,于是我一怒之下,改喝冰茶了。

大约过了两周,有一天,我突然心情不好,回忆起可乐带给我的快乐,终于淡忘了2元的收益和6元的损失，飞奔下楼，找到最近的一家便利店，买了一瓶可乐。

便利店的这种会员营销，初衷是提高顾客复购率和忠诚度，实际效果却一言难尽。甚至可以说，除了公司服务器上CRM系统（客户关系管理系统）的客户列表长了几倍，没有任何额外的效果。

但我们不要落入另一个陷阱，认为这个初衷是错的——这个初衷很好，是各大商学院经过严谨、反复的论证、研究所得出的结论。

复购率和忠诚度概念源自营销学中的客户终生价值理论（CLV理论），这个理论认为，看待客户价值，不能仅盯着客户一次购买的消费额，这是片面的、狭隘的，要站在更宏观、更长期的角度看待客户的贡献。根据CLV理论，最根本的客户价值来自客户的增量购买（越买越多）、交叉购买（购买相关产品）、口碑购买（带动周边人购买），这3种行为的强度越大，频率越高，复购率和忠诚度指标越好。因此，零售业内普遍认为，商家应该使用各种方法提高客户对这3种行为的偏好。

这里我们要着重说明的是，上述理论中隐藏的关键点正是零售问题的要害所在——复购率和忠诚度，这两者与会员营销之间并不是毋庸置疑的关系。也就是说，复购率和忠诚度高不高，与该顾客是不是会员，并没有直接的关系。

我们曾经对国内某大型运动品牌渠道商进行长期的跟踪研究，积累了大量的周期性销售数据。经过对这些数据进行全面、审慎的分析，我们得出了一些令当时的我们惊叹不已（现在习以为常）的结论，以下几条最为典型，也最能说明问题。

第一，会员的复购率和非会员的复购率几乎没有差别。

第二，会员对于店铺的评价和非会员对于店铺的评价几乎没有差别。

第三，会员并不会比非会员更愿意推荐店铺内的商品。

人们为什么会对会员营销这么感兴趣呢？某种程度上，是标榜"珍视会员""会员优先"的明星商业机构的榜样力量，比如Costco（开市客，美国最大的连锁会员制仓储量贩店）这个冉冉升起的零售巨星。收费会员的运作模式、专属产品的巨额低成本订单、难以置信的口碑效应、远超预期的销售业绩，这些成绩带给我们的感官冲击足以打消我们对会员制的所有顾虑，仿佛"会员"就是灵丹妙药，"会员"就是天外神星。

但是，当我们静下心来，客观分析Costco的会员模式，会发现，这种"会员"的背后，其实是商家和顾客签订的低成本契约。签订契约的顾客获得了加入低成本计划的资格，商家则获得了顾客将要购买的承诺，会员和商家之间在本质上并没有营销层面的黏性。

套用CLV理论来分析，Costco会员的复购率和忠诚度只是促销激励的成果，即降低成本的策略成果，并没有带来真正意义上的复购意愿和客户忠诚，一旦麦德龙或者沃尔玛提供更便宜的产品，Costco会员的复购意愿和客户忠诚很可能会荡然无存。

让我们思考一个问题，商家在营销设计之初定义的会员关系是什么关系？毫无疑问，应该不是"给糖就来，不给就不来"的关系，而是优质的服务、优质的商品、优质的若干核心竞争力带来的长期的、稳定的、不可复制的关系。

遗憾的是，这只是一个美好的幻想。我们走进商场会看到，无论零售商多么努力，在现实中，极难建立商家所渴望的这种会员关系！实际情况是，一旦商家不再提供足够的利益诱惑，顾客会立刻跑到友商那里去购买同质化产品。

举个例子。某零售服装公司实行会员营销计划，会员从0增长到45万人的两年间，会员成本和会员收益的对比如图1-5所示。其中，会员成本主要包括会员专项广告费用、会员礼品、会员专享折扣、团购会员买赠等，会员收益主要为会员带来的当期销售收入。

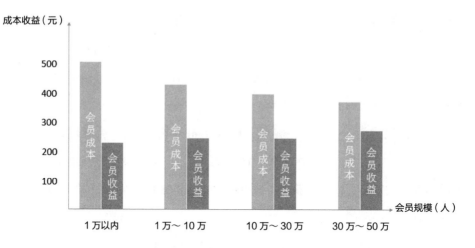

图1-5 会员规模与成本收益对比

通过图1-5，我们可以看出，会员数量较少的时候，会员成本远高于会员收益，随着会员人数的增长，会员成本会被缓慢稀释，但即便到达50万会员规模，会员成本还是高于会员收益。根据该公司的商业模型，估计达百万会员规模的时候，会员成本有望和会员收益持平。不过，按照目前的零售业形态，达到百万会员规模，难度极大。

那么，会员营销完全无用吗？结论并非如此简单粗暴。会员营销的价值高低，取决于我们想要从中获得什么。

如果我们想要的是现金流和眼前的销售业绩，那会员营销真的没什么用，而且很大概率会得不偿失。如果我们想利用会员信息拓展行动空间，探索未来可能性，比如进行顾客行为研究、购买标杆研究、返利普惠策划等，那么会员营销大概真的能发挥它应有的作用。

不得不说，世界上不缺"会员"，毕竟，如今绝大部分人的手机上有好几十张电子会员卡。无论愿意与否，大家都被贴上了××会员的标签。但是，商家需要明确，会员，更像是当前需要耐心培养，以便未来带来不确定形式的回报（或损失）的孩子，而不是种植在后院，可以随时拿来收割的"韭菜"。

1.4 甩卖中的价格回归现象
价格波动是正常的，不要为甩卖而"甩锅"

零售店铺通常会如何处理滞销品？强势的，退回品牌厂家；有渠道的，发给下级折扣店铺；不强势也没渠道的，店内打折处理。

需要注意的是，打折会降低利润，损害店铺的业绩。售罄固然重要，但以亏本为代价，得不偿失。所以，如果不是万不得已，店铺的管理者不会愿意这么做。而且，提交折扣报告的店长与经理要承担被上级质疑的风险，优秀的团队管理者怎么能落入这种尴尬的境地？绝对不行！大部分优秀管理者的自我评价很高，比如"打折促销肯定与我的能力无关，是其他因素导致的！"于是，"甩锅"借口层出不穷。

"畅销款在陈列的第一周就售罄了，店员销售热情很高，但无奈量太少了。普通款没有竞争力，只能积压，最后降价处理。"

"这一季的新品似乎不太受顾客欢迎，但量很大，如果不尽快打折销售，后期很可能严重滞销。"

"隔壁店铺的同功能产品打折太厉害了，我们不及时跟上，只能滞销。必须跟上啊。"

……

这些"锅"不能说毫无道理，大部分确实符合现实情况，从逻辑上说没有任何漏洞，而且能够保全管理者的精英形象。但遗憾的是，诺贝尔经济学奖获得者丹尼尔·卡尼曼的锚定效应理论中"抢手不打折，打折不抢手"的锚已经深深扎根在每个人的心中，包括这些零售精英管理者，虽然这并不一定总是正确的。这些店长打心底认为打折并不是好事，而是两失相权取其轻的事。店长们从入职那天开始，就被植入了零售人的"正确"价值观——利润至上，售罄为王。所以他们在"甩锅"时，内心往往充满愧疚，以至于高层的折扣审批人收到折扣申请报告时，仿佛能看到一个个战战兢兢的小鹿在迷雾丛林里瑟瑟发抖。申请折扣这件事，让店长们承受着双份伤害，一份是因为"卖不出货"，另一份是因为"甩锅"。

这种自责的情绪经常出现在入职不久的店长身上，急于证明自己的心态强化了这种自责。不过我们也发现，许多资深的、从业经历丰富的零售经理也会遭受同样问题的困扰，这恐怕得归因于缺乏基本的经济学常识。

传统经济学中的"供给-需求"关系线（传统经济学原名"经典经济学"，直到行为经济学全方位地挑战了其理论和假设，其不再以"经典"为名）如图1-6所示。"供给-需求"关系线（普遍使用曲线，这里简化为直线）表示，随着价格的提高，需求量会下降，供给量会增加，反之，随着价格的降低，需求量会增加，供给量会下降，直到价格达到某一个点，即图1-6中的BC点，需求量和供给量持平，市场对商品的需求量为B，商品的最终定价为C。

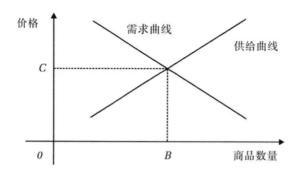

图1-6　"供给-需求"关系线

如果在平衡点之后，价格继续下降，需求量会继续增加，但商品的供给量无法满足需求，会导致需求和供给的缺口越来越大，造成供不应求的情况。如果在平衡点之后，价格继续上升，供给量会持续增加，但商品的需求量会逐渐下降，导致需求和供给的分歧越来越大，出现传统经济学教科书中经常描绘的场景——"沿街倒掉多余的牛奶"。

"供给-需求"关系线可以帮助我们理解商品的价格和其售出量之间的简单关系，或者说逻辑关系。当然，这只是针对普通商品，特殊商品的供给和需求会呈现特殊关系，逻辑上也会有所不同。

即便没有学过经济学，积累了足够多的数学知识和常识后，绝大部分人会认同图1-6中的"供给-需求"关系线所展示的关系，这导致我们渴望找到BC点，并且天然地认为所出售的商品都是BC点商品。如果情况不是这样，那么有且只有一种情况——商品定价出了问题，我们需要更好的商品定价师，总结经验教训，给出更准确的定价。

这种思维模式是如此根深蒂固，以至于我们从来没有怀疑过它的正确性，或者是因为过于"经典"，以至于绝大部分人没有质疑的胆量。然而，在现实世界，用行为经济学的实证法研究大量数据后会发现，真实的"需求-供给"关系线（可以用同样的基础模型）是持续回归的。也就是说，需求和供给不是静态关系，而是动态的彼此缠绕关系。需求和供给会无限接近终极线，但永远不会到达终极线，直到某一个时间点，商品退出市场，被新产品取代。

换句话说，并不存在完美定价（买方和卖方都乐意接受的定价），也不应该锁定定价。价格的波动是零售中最正常不过的现象，也是能够让商品价值得以长效兑现的方式之一。提交折扣申请报告和提交销售报告一样，是正常的经营管理行为，没有必要顾忌，更没有必要"甩锅"。

行为经济学视角的现实世界供需平衡关系（供需回归曲线）如图1-7所示。

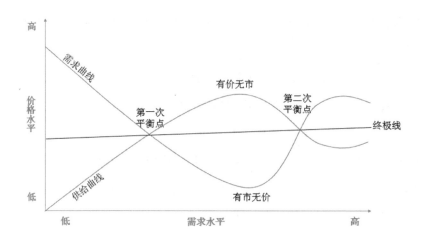

图1-7 供需回归曲线

使用零售语言,可以对图1-7解读如下。

店铺拿到新品,并且有人购买,达到第一次平衡点。如果商品很受欢迎,会被抢购,在市面上造成有价无市的情况;如果商品无人问津,会被调入折扣系统,并在不再及时生产的情况下开始断码、缺货。以上两种情况都是极端情况,通常,商品会在两个极端之间游走,达到第二次平衡点,在一个较低的折扣水平被销售。

因为零售业的复杂性及各种因素的不可控性,即便我们可以根据图1-7判断市场上正在发生什么,也很难去精确地控制、影响最后的结果。

经济学工具(无论传统经济学工具还是行为经济学工具)大多是解释性的,这意味着我们即使知道发生某件事情是因为什么,也很难确切地知道做什么能推动／规避下一次同样事情的发生。

不过对于从来不缺务实精神、灵活精神的零售业管理者来说,即便如此,也能得到有价值的启发,如下所示。

启发一:需要给予折扣,并不是定价上出了问题,而是动态平衡的过程。不需要去苛责什么,更不需要因此自责。

启发二:更理性地看待折扣,明白打折的目的不是清仓,而是达到下一次平衡，切忌急于求成。

1.5 折磨零售从业者的因果依赖
无法摆脱错误归因，就会折磨常在

一 小张的"反常"表现

"事出有因"这个词深深地印在我们脑海中，已经成为一种群体思维，很少有人会对其进行质疑。久而久之，我们不相信独立存在的事件、不相信无缘无故的剧情、不相信没有伏笔的结果、不相信"宇宙大爆炸"……不对，"宇宙大爆炸"理论是有很多人相信的，不过，相信不是因为思考后觉得合理，而是因为脑力想不过来，于是随便那些科学家说什么，其逻辑是"因为权威，所以相信"。

在工作和生活中，大多数人看到某现象时，会执着地寻找该现象出现的原因，仿佛不归因，该现象就不存在。下面以小张的故事为例，带大家直观感受"归因"的影响。

小张大学毕业后加入一家零售公司，跟着一位很资深的师父做买手。小张对公司的产品很感兴趣，工作也很认真、努力，很快成了公司商品部的骨干，深得上层领导的赏识。

工作越来越有起色的同时，生活也很如意，小张在6月和相恋4年的女友结婚，并且在家人的帮助下支付首付，购买了一套房。在一线城市这么快结婚、买房并不是一件容易的事，小张成了同事眼中的成功人士、有为青年。

但就在小张从日本度蜜月回来之后，业绩开始莫名其妙地急转直下，他在秋季订货会上买入的货品销量惨淡，给公司造成了巨大的损失。公司老板频频找小张谈话，询问他到底是哪里出了问题，在公司季度经营讨论会上，几个部门经理甚至专门就小张的问题召开了一个小型讨论会。

零售部经理觉得小张是因为结婚之后生活节奏被打乱，所以暂时不适应，需要尽快找回工作和生活的平衡，才能恢复工作状态，达到以往的水平。

财务部经理觉得小张是因为买了房子，经济压力骤然变大，所以心境发生了变化，不再那么洒脱，变得战战兢兢，畏首畏尾，影响了决断力。

市场部经理觉得小张是因为去了一趟日本，耳濡目染，被日本的产品风格影响，所以淡忘了国内消费者的需求，需要尽快找回以往的审美基准线。

公司老板看着商品部经理，即小张的师父老刘，期待他给出准确的解释。老刘的身子往后靠了靠，没有多说什么，环顾了各部门经理一圈，悠悠地说："再给他一些时间看看吧。"

到了年底，小张华丽转身，在冬季订货会上表现得很亮眼，买入的货品非常畅销，从公司老板到各部门经理都很开心。

年底的一次晚宴上，零售部经理恭喜小张驾驭了婚姻，重新找到了工作和生活的平衡点；财务部经理祝贺小张承受住了房贷压力，走出了房贷恐惧期；市场部经理表扬小张立足本土，重新捕捉了当地消费者的喜好。小张一头雾水，他不知道这些人归纳总结的原因和他在秋季订货会上的惨败、冬季订货会上的成功到底有什么关系。

秋季订货会之后，小张自己总结了十多条原因，上报给了商品部经理，但被经理轻描淡写地含糊了过去，小张索性放下了这件事，继续像往常一样工作。如今回过头去看那十多条原因，没做到的依然没做到，做到的也维持着原来的水准，没有什么重大突破，那些原因，似乎不找也罢。

为什么小张的师父、商品部经理老刘面对同样的现象表现出了截然不同的态度？因为他培养过很多优秀买手，深深地懂得一件事：许多事情并没有原因，商业是随机的。

二 万事寻找原因的偏执症

小张遇到的情况并不罕见，几乎每个公司每年都在发生类似的事情，在可以预见的未来，相信还会普遍出现。对于公司和个人来说，最大的损失不是像小张和他的公司那样，为了寻找原因浪费精力、心思和时间，而是过度依赖因果逻辑，患上偏执症——万事皆要找因果。

这种现象是如此普遍，以至于绝大部分公司会在年终总结会上用大量的时间做两件事：第一，总结经验，让当事人报告为什么干得好；第二，总结教训，让当事人报告为什么没干好。

各部门领导往往是汇报工作的人中龙凤，他们懂得变通，经常将报告合二为一，前半部分总结教训，后半部分总结经验，教训大多是未足够重视环境差和对手坏的影响，经验大多是领导力和凝聚力较强。

更厉害的部门领导会用少量篇幅汇报经验教训，用大量篇幅汇报未来打算。之所以有信心这样做，是因为他们完全了解上级关于未来的打算，能汇报出上级的"心中所有，笔下所无"。

殊不知，这是很影响工作状态和工作效率的做法。

我们浪费了太多的时间做无谓的归因，是时候诚实地回味一下这件事了。纳西姆·尼古拉斯·塔勒布在撰写他的名作《黑天鹅：如何应对不可预知的未来》时专门研究过回归平均值现象，大概意思是在足够长的周期内，所有表现都会向平均值靠拢。在行为经济学中，回归中值效应也很常见，大到国家的汇率水平，小到孩子在小学六年间的考试成绩，都能体现"中值效应"。可以简单地总结为，人类都会有行为，只要行为有结果，结果必然会在一个区间范围内上下振动，且逐渐缩小振幅。

不了解这种规律，过于纠结因果必然，是没有办法全面地看问题的。片面的视角，会导致封闭的未来，不断错误归因，会陷入恶性循环。许多商人意识到了这一点，打开了心胸，却不小心走向玄学，开始拜关公、拜财神。这虽然有些戏谑，但也不是不能理解，他们的无奈写在每一年的财务报表里。作为渴望用全新的视角看待世界的新零售从业者，面对各种现象，是需要冷静思考，察觉其内在原理的。

我们自然不需要去拜关公、拜财神，不过我们需要对未知保持敬畏之心，而不是仓促地以最快的速度给出"答案"。有些时候，没有答案反而是最好的答案。

从科学理论上说，凡事皆有因果，这句话没错。但这个世界上还有许多事，我们纠结一生也找不到原因，这句话也没错。

1.6 仓促是注意力稀缺的外在表现
恐惧错误，不如总结错误

一　仓促决策的普遍性

在一次参加的学员都是全国各地优秀的零售经理，每一个人都有着5年以上的多店领导经验的零售培训中，我做了一个访谈调查，其中有这样一个问题："在信息不充分的情况下，你会仓促地做决定吗？"

85%的学员表示不会仓促地做决定，会先收集信息，再在信息充分的情况下做出决定。

10%的学员表示，如果这个决定不是特别重要，可以承受犯错误的后果，会根据以往的经验，凭直觉做出决定。

只有5%的学员表示也许存在仓促做决定的可能性，并进一步解释说自己毕竟有可能遇到感冒发烧、心情不好、境况不佳等特殊时期和特殊情况。

结果显示，大多数学员认为他们平时所做的决定是在信息充分的情况下做出的。

在随后的课堂上，我要求大家列举开新店时必须考虑的因素。平均每个人给出了5个因素，删除重复因素和类似因素，全体学员合计给出了18个因素，分别是商圈人流量、商圈定位、商圈品牌、商圈服务、商圈规模、周边人口规模、人口构成、人口收入、同行聚集度、互补商业、组织战略、组织盈利水平、商品生命周期、组织管理能力、员工到岗率、员工培训体系、商品物流、商品定位。

在大家看到全体学员给出的这18个因素之后，大部分人认为每一个因素对于开新店而言都很重要，对任何一个因素的忽视，都可能造成开店失败。

这就有意思了，85%~95%的学员认为他们会在信息充分的情况下做出决定，但面对至关重要的"开新店"这个决定时，平均每个人只考虑了18个因素中的5个因素。假设现场学员给出的18个因素是完整的，那么平均每个人的决策因素完整度只有28%。

为了验证这个调研实验结果的普适性，在第二波学员培训中，我换了一种方式，又调研了一次。

我首先提出一个问题："你正在考虑在本市开一家新店，现在了解到的情况是目标商圈的人流量本市第一、有品牌加持，而且以服务、配套好著称，周边人口收入很高，组织正在扩张周期内，盈利水平值得期待，请问，你是否选择在这里开店？"

90%的学员毫不犹豫地选择开店，并环顾四周，哈哈大笑，仿佛答了一道送分题。

我紧接着提出第二个问题："你进一步了解到的情况是目标商圈以中老年熟

客为主要受众，而你的商品定位是年轻时尚运动品。目标商圈的同行聚集度很低，年轻人大多选择在城市另一边的某新兴商场购买同类产品，甚至很少来这边逛街。请问，你是否还会选择在这里开店？"

这个时候，大家收敛了笑容，开始皱眉。片刻后，70%的学员表示要重新思考，30%的学员表示不会在这里开店，因为零售业的基本常识是顺势而为，不能逆流而动。

就此，这个调研告一段落，我得出了一个结论：很多管理者在仓促做决定，运气好的管理者考虑的因素恰好重要，所以赢了；运气不好的管理者考虑的因素恰好不重要，所以输了。

这个结论虽然不值得高兴，但也不需要过度悲观，毕竟，因势利导是零售业的常见操作。从来就不存在完美的市场，也不存在完美的商业模式，即便只拥有不充分的信息，也存在不小的做出正确决策的概率。

二　仓促决策的价值

毫无疑问的是，仓促决定是人类思维方式的体现之一，是人性的一部分。这种思维方式并非一无是处，它在特定的时候，会产生特别的群体优势——在我们需要霰弹枪时，它很完美。

纳西姆·尼古拉斯·塔勒布在他的著作《反脆弱：从不确定性中获益》中引用了一个传统的、英雄主义的命题：杀不死你的东西会使你更加强大。此后，他进一步延伸，做出了一个更漂亮的论述：杀不死你的东西会使你更加强大，杀死你的东西会使别人更加强大。

这句话对于组织来说很有现实意义，其理论出发点在于组织可以主动切分为不同的个体，通过某种机制的建立，使得个别个体的死亡促成其他个体的成长，最终实现整体的繁荣。

其中的关键并不是个体死亡，也不是选出运气最好的家伙，毕竟运气是随机分布的。其要旨在于，决策失败的信息可以快速、准确地传递到需要它的人那里。

要实现这句话所描述的场景，需要在3个方面努力，如下所示。

（1）决策失败者愿意分享信息，而不是隐瞒信息

不是所有人都愿意暴露自己的失误（失败），大多数人会把失败的原因归结为外界的种种不可抗因素，而不是自己决策失误。只有通过使用某种手段，比如安排培训、树立榜样，让"失败"的决策者发自内心地意识到所有决策信息都可以安全地分享，不会招致不良后果，这些信息才有可能传递出来。试图通过某种强硬的机制，比如监控、互相监督，甚至团体内部的举报来获得这些信息，大概率是徒劳的。

（2）决策失败的信息，有透明的通道可以传递

先有"信息传播"还是先有"通道散布"这个问题，如同先有鸡还是先有蛋，是无解的。不过，我们可以通过这种元问题了解到，信息的散布通道是非常重要的，在某种程度上，通道的存在可以激活信息的传播。就公司层面来说，如果官方不提供正常通道，隐藏的通道就会出现，如同如果地表径流被堵塞，地下径流就会涌现。水流最终要汇入大海，这是不可阻挡的。小道消息就是这么出现的。小道消息的一个危害在于，信息可能会在传递的过程中偏移、失真、变异，导致不可控的后果出现，所以，大多数组织不喜欢小道消息。杜绝小道消息的根源在于，提供一个"大道"，让信息畅通无阻。

（3）接收信息者能够识别信息，使得接下来的决策更正确

我们是像看笑话一样看待同事的工作失误，还是像看案例一样研究其中的可取之处？这不仅是心态问题，还是技术问题。如果没有受过相关训练，大多数人很有可能只是看了热闹，本来可以作为重要的决策依据和资源的同事为此付出的时间和精力都被白白浪费了。梳理出事件的逻辑关系，发现导致失误、漏洞出现

的根本原因，并明确其中的重要信息，为之后的工作提供参考，是这些工作失误的价值所在。像行为经济学家那样，观察"错误行为"，积累行为数据，建构行为模型，最大化"错误"的价值，后续决策者才会受到前人的启发，做出更正确的决策。

三 使用"决策失败信息收集系统"

决策失败信息收集系统如图1-8所示。不要被"决策失败信息收集系统"这个名字吓到，可以将其理解为"决策失败信息的看板"，这个看板可以帮助大家收集公司决策的关键信息，利用这些信息修正认知，以便在未来做出更正确、更有价值的决策。

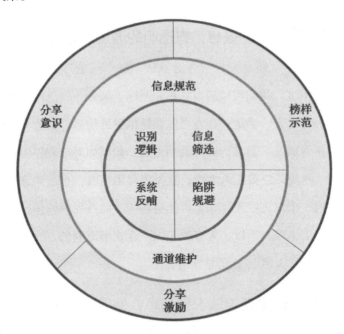

图1-8　决策失败信息收集系统

我们由外及内，分析决策失败信息收集系统。

最外围是信息分享圈，用于说明决策失败信息在公司内部传播（发声）的前提条件。决策失败信息要想顺畅地在公司内部传播，需要具备3个因素。

因素一：分享意识。团队内部对于决策的成败有基本的公正认知，大家普遍接受决策失败是难以避免的，决策本身只是系统优化的一个组成部分。系统能否持续优化，取决于被输入系统的信息是否足够多，足够翔实。在某种程度上，决策失败信息对于系统的自我更新有极大的帮助。

因素二：榜样示范。先行者总能带来意想不到的群体行为，羊群效应无处不在。通过有计划、有目标地选出"头羊"并着重培养这些"头羊"，树立这些"头羊"在团队中的榜样形象，会对其他人起到重要的引领／推动作用。和上级对下级直接发出呼吁（命令）不同，榜样自发行动，能够促使其他人放下戒备心，迅速效仿。

因素三：分享激励。有了正确的意识，也有了榜样示范之后，推动事情的启动，有时候还需要一些外力。比如，设置一些激励（礼品奖励或者公开福利），会让大家更乐于分享。行为模式一旦建立，系统就可以自动运转了，人们适应和习惯之后，甚至不需要外力，系统都很难停下来。

团队有群体分享意识、有榜样愿意带头，并且分享会得到正向激励后，可以说，团队的"失败信息收集系统"便具备了运转的条件。不过，要想让该系统良性地、稳健地运转下去，还需要一些内在修炼，这就涉及图1-8中的中圈。

中圈是信息通道，也是信息能够传递的氛围实体，由两个因素构成。

因素一：信息规范。在公司内部，不同的决策范畴有不同的信息规范，即决策时考虑的各种因素以及决策的外围信息（时间、地点、人物、起因等）不同，应该遵循不同的信息填写标准。比如，人力资源经理做人员绩效测评系统的决策和商品经理做季度商品选品数量的决策要考虑的因素是不同的。按照标准的架构、模板来填写这些因素，对于使用者做后期分析、数据积累是有很大帮助的。

因素二：通道维护。即使有信息规范的要求，也不能保证信息总是以完美的方式呈现和保留，因为填写时的状态不同、心态不同，出现信息错误是难以避免的。为了保证信息通道的可持续使用，需要定期进行清扫工作，比如删除无效信息、识别失真信息、强化关键信息等。忽视信息通道维护，会造成系统过载、系统失信等很严重的问题，久而久之，会伤害系统本身。

有了图1-8中的外圈和中圈，公司就算建立了决策失败信息收集系统，可以开始进行知识库的整理和维护了。不过，要让知识库高效运转，被更多管理者使用，并具备自我升级能力，还需要信息使用者对其进行进一步完善。对公司来说，就是解决收集到失败决策信息后如何使用才能使其发挥价值的问题，解决方法可参考图1-8中的内圈所包含的4个步骤。

内圈可以展开为信息识别和使用的4个维度，需要按照先后顺序进行处理，具体如下。

维度一：识别逻辑。 识别逻辑，即将系统中的信息识别出来的逻辑。为解决特定问题而甄别特定信息，这是人类逻辑思维能力的作用表现之一。长期的思维训练，能够提高人们的识别能力。看到同样的信息，不同的人可能会有截然不同的判断，这是因为人与人之间的逻辑思维能力是有着很大的差别的。尤其是在我国，因为初、中、高等教育普遍重学科，不重通识，所以许多人的逻辑思考能力有限。

维度二：信息筛选。 信息筛选，即根据识别逻辑，从信息系统中选择相关信息。筛选出的信息的有效性，既与个体识别逻辑的强弱有关，也与个人工作经验的多少和悟性的高低有关，受过相关训练的管理者，信息筛选的效率和准确率往往更高。但总体而言，信息筛选效率的高低取决于识别逻辑的优劣。

维度三：陷阱规避。 即便有着大量的铺垫，从意识层到制度层建立规范，依然无法避免人类的本性——规避责任的倾向发挥作用，因此，在信息系统中，通常会存在大量的错误归因、条件不足论。信息使用者需要根据自身的决策需求，对信息进行深入识别和加工，分辨常见的陷阱并予以规避，从而避免决策失败中的真正的问题影响到自己未来的决策。

维度四：系统反哺。 不同于公司简报，决策失败信息收集系统之所以被称为系统，是因为它兼备输入和输出。决策失败信息收集系统要求管理者在借鉴别人的经验之后生成新的决策和执行方案，并且收集执行结果，把相关信息放回收集系统，从而让更多同事可以参考。这不仅是回馈组织的行为，也是通过循环系统让自己在未来可以使用到更优质决策信息的共赢策略。

在实际使用中，决策失败信息收集系统没有固定的工作标准，因为不同的企业文化对于管理制度和信息载体有着不同的要求，不能一概而论。这个系统的核心要义不是僵化的流程和表单，而是管理思维和哲学的灵活运用。只有公司的领导者真心认同决策无论对错，都有价值，都能反哺公司，这一系统才有存在的土壤，与之相关的配套制度和流程才能真正建立并发挥作用。

在若干"实验室团队"（行为经济学常用的研究载体）的实践中，我们可以看到，这一系统的建立，通过使用思维工具把看似"不可为"的东西落地为了行为层面"可为"的东西。因为学习曲线有长期性特点，这种尝试和努力的短期反馈效果可能不明显，但长期看，其对于组织整体的成长和再生（系统层面的螺旋上升）是有着惊人效果的。

1.7 零售业中的培训依赖症
霍桑实验给零售业培训工作的启发

几乎每个零售经理都有过如下体验。

在业绩遇到增长瓶颈的时候，向公司老板寻求帮助。老板经过仔细思考，细细琢磨，发现商品、品牌、人力、财务都不容易动，都是牵一发而动全身的事，唯有培训模块，可以一声令下，立刻行动。

于是，老板发出指令，加强培训，提升人效，促进业绩新增长。从逻辑上看，这无比正确，丝毫没有破绽。于是，培训经理马上给出了新一轮培训方案，请最厉害的讲师，用全新的手法，给店铺最需要的帮助。

经过几天的折腾，业绩真的显著上升。培训后第一天闭店结算发现，日收益比培训前提高了20个百分点！零售经理大为欢喜，懊恼怎么没有早点培训，早点受益；培训主管喜气洋洋，很开心辅助部门也可以强力输出，知识就是力量，知识就是业绩；公司老板满脸堆笑，为自己又一次英明决策骄傲不已。

一切结果都是可测量、有数据的，所以一切褒奖都是有理有据、不容置疑的。在皆大欢喜中，只有一个小问题被忽略，那就是培训的保质期！

我曾经对5个不同类型的店铺进行了为期半年的观察，发现了一个关于培训的有趣现象——业务培训（一线店铺培训）对于店铺业绩的影响是最直接的，比督导轮换、店长更替、商品调整都立竿见影，但悲哀的是，这种培训的效果是非常短暂的，平均可观察到的业绩改善周期大概是20天。也就是说，每一次业务培训，只能在不到一个月的时间内维持业绩增长，过了这段时间，要提升业绩，需要新的培训及时跟上。

这对于培训部门来说是一个天大的好消息，但对于店铺来说，是非常低效的一件事。虽然大家追求的不是一劳永逸的培训提升，但这种培训密度，从经费和时间上考量，对店铺（特别是小店）来说是难以承受的。

在讨论如何增加培训频率，让高产出成为常态这个"伪命题"之前，我想先聊一聊著名的霍桑实验。通过回顾这个实验，我们有可能弄清楚培训效果立竿见影的秘密。

霍桑实验的故事背景和实验细节、相关参数我就不在本书中赘述了，感兴趣的朋友可以查阅相关资料。这里简单描述一下实验结果。

一个美国教授在一个被称为霍桑的美国工厂中做了一个实验，研究灯光的亮度对工人的生产效率有没有影响。结果发现，灯光的亮度对工人的生产效率没有任何影响，无论是将灯光调亮还是调暗，工人的生产效率与平日相比都有大幅度提高。经过反复验证和分析，该教授发现，工人的生产效率提升的原因是有人在关注他们！

也就是说，当工人们意识到有人正在"研究"他们时，他们的生产效率就会提高。

后来，许多心理学家和行为学家研究过类似课题，得到的结论趋于一致。当前，这种实验结论已经成为管理学常识：人们在被关注的时候，效率会提高。

霍桑实验在培训业中一样适用，更准确地说，在培训执行过程中，培训的全套流程就是关注手段，即霍桑实验中的灯光照明；受训的学员就是被关注对象，即霍桑实验中的工人。无论培训本身的质量如何、针对性如何，进行培训这一行为，就会或多或少地提高受训人的工作效率。只不过，这种工作效率的提高是短期的，受训人的工作效率很快会恢复到接受培训前的水平。

现在大家大概能理解为什么我会说通过增加培训频率提高店铺产出在某种程度上是"伪命题"了。我们当然不能武断地说所有培训都只是在借助"注意力效应"——短期有效，长期无果。市面上、行业中，还是有许多科学严谨的培训的，通过转变员工思维和行为模式，优化评估手段，长期提高员工的工作效率。只不过，我们需要更为审慎和理智地意识到，这种培训在零售业里是凤毛麟角，远比我们以为的少。

我们可以通过一种随处可见的普遍现象求证这一点。培训行业的佼佼者，对知识和学习的重视程度普遍不是很高，而电子信息、生化医疗等新锐行业的佼佼者，喜欢每天讨论知识更替、思想拓展。大家的时间都很宝贵，当知识不足以带来改变时，大家自然更愿意选择绕过知识；而当知识经常带来改变时，即使本性厌学，大家也会强迫自己遨游在知识的海洋中。

说到这里，可能有人会想，那么，应该停掉所有培训吗？当然不是！这等于因噎废食。我抛出"培训无用论"，是为了让读者意识到"培训的作用"，从更清醒、更通透，也更长期的角度入手思考培训的本质——是培训内容到达了学员的心智层面，改变了学员的某些意识，拓展了他们的技能，从而达成业绩提升，还是仅仅通过关注行为，产生了简单的霍桑效应？

明确这一点，对于改善培训效果是非常有帮助的。培训长期效果测评表见表

1-2，可以协助我们洞悉这种不同。

表1-2　培训长期效果测评表

指标	培训前业绩	训后当月业绩	训后3个月业绩	训后半年业绩	训后一年业绩
可量化业绩 1._____ 2._____ 3._____ 行为指标 1._____ 2._____ 3._____					

使用"培训长期效果测评表"，可以根据培训目标，把培训结果的测评指标分为可量化业绩和行为指标两项，每一项包含若干子项。表1-2中的横轴记录的是随着时间推移，左边测量项的具体数值和表现——从培训前的业绩基准开始，到培训后当月水平、3个月后的水平、半年后的水平，一直到训后一年的水平。

如果经过严谨的记录和分析，大家发现培训内容真的很棒，表1-2中的每一行横轴数据都非常稳定，下滑缓慢，那么，可以确定该培训确实改善了店员的日常行为，推动了店铺的日常经营。高水准的培训可遇不可求，这时，大家应该把此表作为长期业绩数据的佐证妥善保管，这些数据作为公司整体的知识管理储备，是非常好的原料，也是培训部门持续努力的宝贵动力来源。

如果经过严谨的记录和分析，大家发现培训内容并不像预想的那么好，没有办法在培训之后3个月（甚至更短的时间）时依然维持员工的高绩效水平，那么可以得出结论，培训产生的效益只是来自霍桑效应。这时，大家可以使用更方便、更低成本的方法达到同样甚至更好的效果，比如，领导视察。

第二章

行为经济学中的消费心理探秘

美剧《西部世界》中有这样一句话:"相比人类的愚蠢,人类的懒惰才是最大的硬伤。"这句话在行为经济学领域有重要价值。行为经济学很多分支研究的出发点是人类的懒惰。懒惰是人性的一部分,懒惰不是用来惩治的,而是用来利用的。

用行为经济学的视角看待零售业中的消费者,会获得不同于以往的感受和发现。这个视角能够帮助我们了解顾客的真实心理情况和行为原因、行为趋势,从而调整店铺和店员的行为,做到真正的有的放矢、灵活应对。

2.1 延迟满足的秘密

懒得买才是真实声音,两个戒除懒惰的行为策略

一 延迟满足的概念

在消费者心理研究中,这些年来一直有一种观点,即理性是销售的天敌。因为理性会控制欲望,进而延迟满足、阻碍消费。

围绕着这一观点,有人开发了"烟幕弹销售学"。这是我想到的一个大概会让开发者皱眉的名字,意思是为了达成交易,销售会给顾客提供海量的价值陈述,让顾客沉浸在某商品"好得不能再好"的场景和念头中,迷迷糊糊地决定购买。至于购买后顾客会不会后悔,那是客服端的事,和销售端无关。

零售业中还有一种与之类似的观点——女人和孩子的钱最好赚。这些零售从业者认为女人和孩子是感性的,感性是销售的天使。

这些观点的核心,是瞄准顾客对自己欲望的控制力并做出假设,顾客的自控力越弱,销售的机会越大;顾客的自控力越强,销售的机会越小。自控力是心理学术语,我们在这里替换为行为经济学中更常使用的表达:延迟满足的意愿。

关于延迟满足,最著名的实验来自幼教领域,是美国一家心理研究机构进行的著名的"棉花糖实验"。

实验者找了一家幼儿园,把一些孩子集中在一个教室里,教室里摆放了棉花糖、甜甜圈等各种好吃的。在孩子们口水直流、彼此相望的时候,走进来一个老师,对孩子们说:"这里有一些好吃的糖果,你们要忍住,不能吃。忍30分钟,那些控制住了自己、没有吃这些糖果的小朋友,不仅可以得到更多、更美味的糖果,还能把这些糖果带回家。"

说完,老师就转身离开了。

老师离开后,实验者通过暗处的摄像头观察这些孩子。有一些孩子没有经受住诱惑,拿起棉花糖吃了起来,还有一些孩子一直忍着,用手捂住眼睛,在教室里走来走去,努力控制着自己,直到30分钟后老师走进来。

这个实验最厉害的一点是持续时间特别长,在现场实验完毕后的若干年里,每一年,实验者都会跟踪观察这些孩子的表现。实验者发现,那些在现场控制住了自己,30分钟内一直没有拿糖果的孩子的学习和文体表现普遍要比那些经不住诱惑、拿起糖果的孩子好。实验得出结论:有延迟满足能力的孩子比没有延迟满足能力的孩子获得成功的可能性大。

二 延迟满足和零售的关系

那么,延迟满足和零售有什么关系?

有延迟满足能力(意愿)的孩子,长大之后会比没有延迟满足能力(意愿)的孩子更抗拒非理性消费吗?

换句话说,我们的广告促销方案,应该更倾向于影响那些没有延迟满足能力

（意愿）的人吗？

更为复杂的推论是，如果我们认可"棉花糖实验"的结论，在零售领域，这些缺乏延迟满足能力（意愿）的人，是否消费能力也处在较低的层次（假设学习和文体表现长期较弱会导致社会收入较低），只会购买利润率较低的商品和服务呢？

这些问题困扰了我很久，直到有一次我和前同事闲聊，得到了全新的灵感。

小高是我在深圳工作时的一个同事，她是深圳当地人，据说父亲是某大公司的高管，家庭经济条件很好，大学本科和研究生都在英国就读。就算不认识她，也能感受到她养尊处优、从容不迫的气质。这样的人，无论走到哪里，都是各大奢侈品商家全力争取、不容失去的目标会员。

小高的消费观并不夸张，买任何东西都会深思熟虑，不会盲目消费。小高还有一个特点令人印象深刻，她是非常狂热的UGG（美国鞋子品牌）爱好者，她的电脑桌面、手机屏保、钥匙链等，都是UGG的形象，她能说出UGG的全部历史事件，以及各种款式的特点。

有一次，我看到UGG举办大型发售会，推出旗舰新品，立刻想到了小高。我在微信上问小高是否去店铺体验和购买了，小高的回答令我很吃惊："并没有，觉得没必要跟风。"

我问她是不是不喜欢UGG了，她说不是，还是很钟爱。这激起了我作为零售爱好者的好奇心，在我一步步追问之下，她说出了内心的想法："我觉得这次发售的新品很好看，我也真的想去买一双，只是一直没有找到合适的时间，毕竟，我已经过了为了一双鞋不管不顾地冲去商场的年龄了。如果是10年前，我大概会去，现在嘛，不太会了……周末有许多事情要做，人到中年，你懂的……其实零散的时间不是一点都没有，比如孩子周末上课的时候，我是有一两个小时空闲的……好吧，不说了，我坦白，是懒！"

看到小高发来的一大段独白后，我突然意识到，我之前关于延迟满足的思考或许是错误的。我一厢情愿地认为，不购买是顾客的理性在作祟，理性是零售的敌人，并信誓旦旦地说，我们必须打败"延迟满足"这个"坏蛋"，才能争取到顾客的腰包。

不，这是不对的，也是荒谬的，理性和顾客的购买动机并不那么密切相关。现实生活中，类似的小高的心理是非常普遍的，如果非要找到一个"坏蛋"，那么是4个字——懒得去买。

这种认知，会让我们抛开许多成见，比如觉得顾客想买，只是正在"攒大气"，等到双十一、元旦假期，就会释放全部能量。周期性购买的现象确实很普遍，但这和商家的服务品质、竞争位置没什么关系，从更长远的时间线着眼，对销售额的提升没什么本质帮助。

三 延迟满足的零售策略

厘清事实之后，我们需要站在顾客的角度，尊重顾客的"懒"，并以此为基准，规划一下我们可以做点什么，让顾客放下"懒惰"，开始行动。

通过对若干店铺进行观察和分析，我们发现，戒除懒惰可以有两种模式/行动，第一种是"绕过阻碍模式"（绕阻行动），第二种是"遭遇刺激模式"（遇刺行动）。下面我们图文结合，分别介绍两种模式/行动的路径及策略。

第一种模式/行动：绕阻行动。

顾客在生活中遇到了阻碍，如果无动于衷，继续懒下去，会得到"残缺的生活"，而如果绕过阻碍，购买产品，会得到"完美的生活"，这两种生活的差异，就是产品的价值。绕阻行动示意图如图2-1所示。

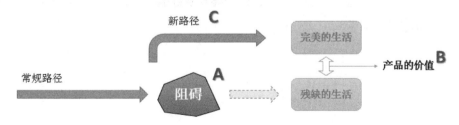

图2-1　绕阻行动示意图

商家的职责，就是引导顾客，让顾客改变行动轨迹，实施购买行动。

举个例子，前文中提到的UGG铁粉小高长期近视，近期更是由于追了几部美剧，视力明显下降，有非常大的生活不便及内心恐慌——担心视力继续恶化。这种突发状况就是阻碍，也是需要让小高意识到的第一个重要信息。

假如我是一家眼镜店的店员，要先了解小高的情况，识别小高遇到的阻碍A，并且点醒她，让她意识到阻碍到底是什么、如果放任不管会怎样。实现这个目标之后，再为小高指出新路径C——重新配一副眼镜，从残缺、恐慌的生活，过渡到完美的生活。为了做到这一点，我需要兜一个小圈子，在对比完美生活与残缺生活之后，陈述B——产品的价值：能够让眼睛从看什么都模糊，并有可能持续恶化的状态，恢复到看一切都清晰、真切的状态。这个时候，小高大概率会问："我如何得到这种价值呢？"于是，顺理成章地给小高指出新路径C的具体内容——购买某款产品。

这个逻辑的关键是给顾客展示产品价值的全貌，即通过铺设产品广告，或者导购口述等方式，让顾客一目了然地看到生活的阻碍在哪里，这种阻碍会带来怎样的残缺生活；完美的生活在哪里，其中的差别有哪些；价值点是什么，如何得到这种价值等。

操作非常简单，就是陈述A、B、C——阻碍、价值、路径。

第二种模式／行动：遇刺行动。

顾客并没有在生活中遇到阻碍，产品不是雪中送炭型产品，而是锦上添花型产品，无处不在的刺激能让顾客内心产生波澜，如果懒下去，就是原本的生活，平淡无奇，如果进行购买行动，则会拥有更好的生活，产品的价值在于"更好"。遇刺行动示意图如图2-2所示。

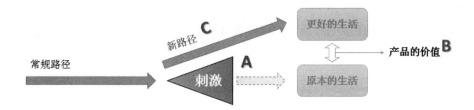

图2-2 遇刺行动示意图

商家的职责依然是引导,引导顾客改变行动轨迹,决心购买。

我们继续使用小高和UGG的例子。新出的UGG产品对于小高来说不是生活必需品,我们挖不出她的痛点(阻碍),但我们可以找到一些刺激点,比如对已有地位的挑战:"真正懂产品的铁粉,怎能容忍新粉的嘲讽?";或者与不可抗力有关的激将:"是什么让你对所爱之物麻木?是皱纹还是年龄?"

一旦刺激到小高的情怀、神经、理想(切记,不要打击顾客的软肋),小高就有机会摆脱"原本的生活"这条路径,向着新路径走去。这时候,只需要阐述产品的价值——B部分,把小高从感性的刺激中拉回现实,小高就会自然而然地开始C部分——购买行动(走上新路径)了。

和绕阻行动一样,遇刺行动也是按A、B、C的步骤进行的,改变顾客的常规路径,赢得销售机会。

需要注意的是,通常情况下,对于大多数消费品和寻常客户群来说,不购买才是普遍现象,是生活惯性的延续,是自然法则。人们会路过并错过99%有需求的店铺,进入店铺去消费才是特例、非正常现象。

消费引导的本质,不是顺着顾客的惯性发展提供所谓完美且周到的服务,而是打破惯性,找到顾客心中的阻碍或刺激,给顾客展示更美好的生活图景,赢得顾客对产品价值的共识,让1%的特例发生。

延迟满足对于零售业来说并不是不可跨越的障碍,打破该惯性不是要和顾客的本性对抗,因为在零售从业者看来,世界上并不存在延迟满足这回事儿。找到问题的关键点并采取适当的行动,顾客就会从懒散的自然状态迅速转变为积极的被引导状态。

当然，我们所做的一切，必须从一个基本点出发：一切交易的根本目标，是双赢。

2.2 消费者心理价格
每样产品都有其心理价格，需要与标价牌找平

一 永不缺席的心理价格

某行业调查报告显示，中国的"70后"人群对电子产品的价格承受力普遍要比"80后"和"90后"高，也就是说，面对同样的电子产品，"70后"比"80后""90后"愿意花更多的钱去购买。这可以排除收入差距的影响，因为国内某权威机构发布的人口调研报告显示，目前中国收入最高的人群是"80后"，"90后"和"70后"紧随其后，收入基本持平。

与此同时，如果圈定产品的范围为比较冷门的电子产品，比如电子烟、音响设备、车载导航等，在市场中的价格区间比较大的情况下，"70后"更愿意选择购买标价较高的高端产品。

这种现象的出现，与这3个人群第一次接触电子产品时的社会背景有关。大约在20世纪90年代初，组合音响、计算机、移动电话等电子产品开始在国内出现，这时候，"70后"刚刚独立、成家，拥有了自己的收入及收入支配权，他们接触到的这些新潮电子产品的价格如下。

光盘随身听，平均1000元/个；

组合音响，平均6000元/套；

计算机，平均12000元/台；

移动电话，平均20000元/部。

那个年代，参照普通人的收入，"电子产品"是"奢侈品"的代名词。几个月的收入攒起来买一件小型电子产品，几年的收入攒起来买一件大型电子产品，这是稀松平常的事。

因此，"70后"对于电子产品的第一印象是价格高昂。

到了"80后"步入社会，开始自主消费的时候，电子产品已经不再那么高高在上，变得比较平易近人了。等到"90后"成为消费主力军的时代，电子产品已经成为"快消品"，和衣服、鞋袜没什么本质区别，甚至于在便利店买电子产品成了部分"90后"习以为常的购物方式。

由此可以看出，"70后"对于电子产品的价格承受力强，主要是因为电子产品给他们的第一印象是"奢侈品"。这种第一印象，塑造了电子产品在"70后"心中的心理价格。在这里，我们引入一个行为经济学名词——价格感知契约，指顾客内心对某产品的预期成交价格。换句话说，是顾客看到某产品，会觉得"它就该卖那个价"。

电子产品和"70后"之间有这种价格感知契约并不新鲜，任何产品和任何人群之间都有价格感知契约的存在。通过对零售业进行观察和调查，我们发现，心理价格的影响力远比我们认为的要高。消费者评估一件商品是否值得买的关键，也许不同于我们以往的认知，并不是商品本身的价格，也不是目前的收入水平，更不是和竞品的价格对比，而是商品价格与心理价格的对比。换句话说，值得买不等于买得起，也不等于需要买，只代表顾客认同商品的标价。

写这一部分书稿的时候，国内的瑞幸咖啡备受舆论关注。瑞幸咖啡的品牌知名度增长迅速，在几年之内做到了尽人皆知，可以说是国内咖啡领域的绝对"独角兽"。无论这家公司有没有对标星巴克，国内大众甚至国外媒体都觉得他们是以星巴克为追赶目标的。瑞幸咖啡的营销策略之一是卖"折扣咖啡",在给予折扣的同时还做日常赠送,让顾客感觉他们家的咖啡豆是大风刮来的。这种营销从创店开始已经持续了好几年,完全没有停止的迹象,大众也都接受了(爱上了)这种商业模式。不过,瑞幸的营销魔法并没有改变成本规则,他们的市场份额越来越大,但亏损也越来越多。

作为现磨咖啡的深度爱好者,瑞幸的亏损并不影响我对其咖啡的饮用与关注。不过,我在工作之余,出于兴趣和对便宜咖啡还能喝多久的担忧,进行了一个调查——委托一所大学的一个学生社团针对办公室白领发放了一批调研问卷,探究大家对市面主流的一些咖啡品牌的产品的心理价位(价格感知契约)。为了标准一致,选取目前各咖啡品牌主力产品——中等杯型原味拿铁,作为评估标尺。

我设置的与本章内容有关的问题如下。

您认为咖啡店×××中,一杯中杯拿铁的合理价格是:＿＿＿＿＿＿＿＿。
题目中的×××是各主流咖啡品牌。

为了确保被调查对象不会误解题目,出现互联网上特别典型的"你买我推荐,真买我不买"综合征,我在该题目后面补充了两个验证性问题,如下所示。

A.您是否喜欢喝原味拿铁?如果是,请回答问题,如果不是,不用回答该问题。

B.如果咖啡店×××的中杯拿铁在您认可的合理价格范围内,您一周会购买几次?

验证性问题的设置作用在于,若一周购买两次及两次以上该品牌咖啡,则认为被调查者为目标心理价格接受者,问卷有效,否则,问卷无效。

根据问卷调研,得出结论如下。

星巴克心理价位:30元;

COSTA心理价位:28元;

瑞幸心理价位:12元;

麦咖啡心理价位：10元；

KFC心理价位：10元。

这5个咖啡品牌是目前国内受众较多的门店现磨咖啡品牌，可以看到，除了瑞幸，其他4家咖啡的日常价格都高于消费者的心理价格——以2022年12月的价格为例，拿铁咖啡，KFC的中杯标价为15元、麦咖啡的中杯标价为16元、COSTA的中杯标价为32元，高于消费者心理价格4~6元；星巴克相对较好，中杯标价为31元，与消费者心理价格基本持平。这4家咖啡的销售预期和其价格与消费者的心理价差高度一致——星巴克销售平稳，COSTA逐渐淡出市场，麦咖啡日渐消亡，KFC凭借着常年常规开展的各种活动，拿铁咖啡的实际平均售出价格在10元左右。

最有意思的是瑞幸，它的价格是浮动的。也就是说，不同顾客得到的瑞幸拿铁的价格是不同的。虽然瑞幸的咖啡标价是固定的，但没有人会用标价购买瑞幸咖啡，都是用手机上的折扣券购买。观察瑞幸的折扣券和销售量的关系，特别有意义。

根据瑞幸某单店销售数据，82%的顾客购买价格区间为6~12元，只有不到20%的顾客购买价格超过12元。如果瑞幸的盈利平衡点如商业评估机构分析的那样，一杯拿铁为13.5元，那么，它需要做的是想办法把顾客的心理价格从12元调整为14元。

二 心理价格与差价补平

接下来，换一个行业，用更简单的方法阐述"心理价格与差价补平"现象。

爱吃火锅的人大多对海底捞不陌生，这个登上《哈佛商业评论》的品牌，无论是在影响力方面还是在销售额方面，都可以说是中国火锅之王。但真正爱吃火锅的人，即便不是四川人或者重庆人，也普遍能在"最钟爱火锅品牌排行榜"的名单里，在海底捞前面添加至少3个火锅品牌。大多数中国人，并不认为海底捞是味道最好的火锅品牌，且普遍认为海底捞是相当贵的火锅品牌，其消费价格远远高于其食材价格。但即便这样，大家也愿意去消费，因为人们普遍认为："高出实际食材成本的价格，可以用服务补平。"

这种消费者心理认知在几乎所有领域适用，只是许多商家忙于打价格战，忘记了这一点。

心理价格的改变，正如本章开篇所说，受各种因素影响，很难在短时间内完成，而且即便开始改变，也有一个循序渐进的过程。这个过程通常不是商家的一次营销活动、一场促销战役就能加速的，需要多种内外因素共同作用，且需要足够的时间。但与此同时，补平"心理价格"和实际价格之间的差距，完全有可能通过推行一些具体的措施，快速实现。

目前，零售商可行的差价补平操作方法如图2-3所示。

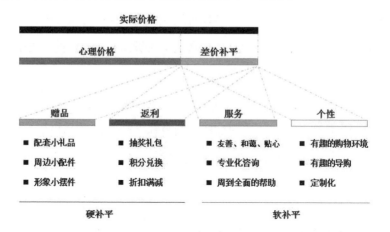

图2-3　差价补平操作方法

在图2-3中，黑色线条为商品的实际价格，深灰色线条为顾客的心理价格，即顾客愿意为商品支付的价格。当顾客觉得某商品"太贵"，其心理价格会低于实际价格。只有当深灰色的心理价格等于或者高于黑色的实际价格，顾客才会产生"物有所值"，甚至"物超所值"的感觉。这种情况可遇不可求，实际生活中，图2-3所呈现的情况较常见——实际价格高于心理价格。

当顾客的心理价格低于实际价格时，需要价差补平，即图2-3中的浅灰色线条。当浅灰色线条（差价补平）加上深灰色线条（心理价格）后和黑色线条（实际价格）持平，顾客才会掏钱购买，否则顾客会观望、等待，或者转投他家。

对"差价补平"进行分解可以发现，有4种补平方法，分别是赠品、返利、服务、个性。赠品和返利可以立即通过支出现金实现，被称为硬补平；服务和个性不能立即通过支出现金实现，被称为软补平。

在赠品补平中，目前主流的方式有：赠送配套小礼品，让顾客得到，并感受到看得见的价值；赠送周边小配件，让顾客在做竞品对比的时候，可以把周边配件作为考虑因素，感知本店商品的竞争优势；赠送形象小摆件，让顾客在感受到诚意的同时，主动协助宣传，影响身边的人，产生更多的销售机会。

在返利补平中，可以使用的方式有：准备抽奖礼包，让顾客在购买之后获得抽奖机会，通过商家给予的物质回馈，降低购买成本；策划积分兑换，当顾客通过反复购买产品积累了一定的购买积分之后，让其可以兑换成礼品或者赠品，平摊单笔购买的成本；给予折扣满减，直接给予顾客一定的折扣，或者消费满减，让顾客得到实实在在的现金优惠。注意，折扣满减往往会伴随比较严重的副作用，特别是直接给折扣的方式，我们会在后续章节中详细谈到。

软补平中的服务补平，顾名思义，就是给顾客提供商品之外的增值服务，核心是心理增值。可以通过优化导购话术和卖场环境，营造友善、贴心的氛围，让顾客感觉温暖舒适，如同在家一般随意自在；可以通过提供专业化咨询和建议，让顾客在信服之余，得到更多的有用信息；还可以通过提供周到、全面的帮助，让顾客在购买的同时，拥有被关怀的感觉。

个性补平，选择之一是通过设置有趣的购物环境优化顾客的体验感，这种购物环境不一定需要昂贵的装修，打开思维，有时候，一些别出心裁的装置就可以做到让顾客在购物时感受到不同寻常；策划有趣的导购方式也是个性补平的选择之一，如果顾客购物时的体验很有价值，这种价值会转移到商品上，成为商品价值的一部分。个性补平的核心在于定制化，定制化包含的内容可以更多，不仅有产品的定制化（在下一章节会详细谈到），还有服务的定制化、购买通路的定制化、信息的定制化等，如果某店铺的店员能像老邻居一样叫出顾客的名字、懂得顾客的喜好，顾客应该不会介意这家店铺的东西比隔壁店铺贵一些。

我们需要清醒地认识到，以上这些差价补平的方法只是权宜之计，不是终极秘籍。过于依赖这些方法，把这些方法长期化、固定化，有可能给零售从业者对商品本身价值的思考带来负面影响。只有通过实际感知，确信自己的商品价值不足以对等商品价格时，才需要使用上述方法和技巧。

我们的核心目标是让顾客的心理价格与商品的实际价格持平，最好略微超过商品的实际价格一些，让顾客感受到"物超所值"。因此，从品牌和产品设计的角度来思考价值提升，提高顾客的心理价格，才是最根本的。

受困于"岗位深井"，基层零售从业者往往不太习惯站在全局的高度看零售业，而是沉迷于对销售技巧的运用。从公司的战略层面来看，运用销售技巧提高业绩这种行为是短期的、临时的、无可奈何的，甚至在某种程度上，是因为战略失误而不得不进行的战术修正。

最理想的零售，应该回归简单纯朴的交换——顾客感知到商品价值，愿意用相同的价格去兑换。这体现出完全的信息对称，对于顾客和商家来说，都是节约成本的最优解。目前，绝大多数商家很难做到，不过，我们应该把这种状态作为努力的方向，作为值得为之思考、争取、完善的战略目标。

2.3 顾客眼中的店铺动线
根据行为经济学，规划迎合"懒人"的动线

一 动线规划的现状

日本东京的银座街区内有一家优衣库旗舰店，是很多去日本游玩、工作的游客和商务人士必去的地方。那家店有4层楼，按照客群特点进行了规划，贯穿式橱窗非常醒目，令人印象深刻。让我最难忘的是那家店的微型电梯，受层高所限（因为有外围建筑高度限制，日本很多商场比较低矮），两层楼间的步行楼梯只有7~8节台阶，十几岁的顽皮男孩会很喜欢从顶层一跃而下，但就是这7~8节台阶的步行楼梯旁，安装了一对手扶电梯，往上和往下的都有。这种紧凑的设计，让本就不宽裕的空间显得更为拥挤，也给店铺增加了不容忽视的固定成本和日常维护费用。为什么要有如此设计呢？这个问题困扰了我很久。

后来我发现，在日本，这种店铺配置和布局不仅存在于优衣库等国际连锁品牌店中，很多本土品牌店铺中也有类似的设计。日本零售从业者的零售店铺经营理念不是成本导向，或者视觉导向，而是更贴合顾客的实际需求。日本零售从业者对于顾客实际需求的理解比中国零售从业者更加深刻，不只理解了顾客审美的、信息获取的、触摸试穿的、便捷购买的需求，还理解了顾客"懒惰"的需求。在世界各地，我从未发现过另外一个地方，会像日本一样尊重（给予）顾客"懒惰"的权力。

事实上，正是日本商家对于顾客懒惰的尊重，让线下零售业在日本的发展逆

势上扬。无论世界其他地方的线下零售业遭受了互联网多大的冲击，在日本，人们依然热衷于享受传统店铺的购买体验。

遗憾的是，我国的大部分零售专家在规划店铺动线的时候忽略了这一点。我国大多数店铺的动线规划，不但没有考虑到顾客有"懒惰"的权力、寻求"舒服"的权力，还试图让顾客"跑马"，给顾客"填鸭"——设计出一条线路，指望顾客沿着这条线路看到尽可能多的商品、停留尽可能多的时间。即便我们知道，顾客只要购买一件商品，我们的店铺陈列就算是成功了，我们依然会这么"填鸭"式设计。

这种建构思路，让我们有一种象棋大师的感觉，仿佛店铺是一个棋盘，顾客是棋盘上的棋子，棋子可以任由我们摆布。在这种美妙的幻觉中，我们陶醉、沉溺、久久不能自拔。这种思路很少被质疑，因为这种思路有一个成功的实践代表——宜家。遗憾的是，很少有商家能拥有宜家产品和店面的品质感和设计感。

某体育用品店铺根据商场实际情况设计的"完美动线规划图"如图2-4所示。根据图2-4，我们看不到销售表现，但完全可以看透建构思想。在图2-4中，沿着动线行走，可以不错过任何一个商品陈列区。店铺内的全部商品，在每一位进入店铺的顾客眼前列队排开，只要顾客想，理论上可以一次性买空全部陈列商品。

唯一的问题是：顾客想买吗？

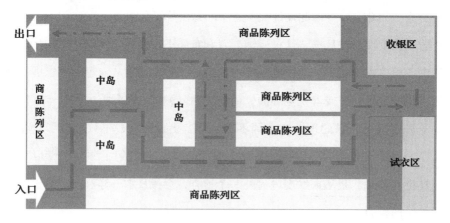

图2-4　完美动线规划图

有经验的零售从业者都知道，所谓"完美的动线"，是在完美的情况下，完美的顾客走进完美的店铺拥有完美的购买体验时行进的路线。这种情况在"完美"的星球才有可能出现，在我们这个世界，可以用3个字来概括：不存在。

这并不是说我们不能建构所谓的"完美动线"，而是说我们应该反思建构动线的依据和目的。想当然的动线设计，不但无法吸引顾客进店消费，反而会把顾客拒之门外。动线设计的核心是时刻以顾客的真实需求为基准，偏离了顾客的真实需求，即便短期内促成了销售（源于猎奇心理），长期来看，也会因为顾客逐渐产生心理厌倦而逐渐失效。

在传统的零售业中，"真实需求"被粗暴地忽视了，就像电视剧里的主人公，通常会被直接给予一个"人设"，主人公后续的一切行为，都不会偏离这个初始"人设"，否则就是烂剧，会被观众口诛笔伐。现实世界中，顾客并没有这样的"人设"，顾客进入店铺，是多种外在因素和内在因素共同作用的结果，这种结果的依据有理性元素，有感性元素，有唤醒更多多巴胺的动机，也有减少无谓能量消耗的需要。如果未考虑顾客"偷懒"的需求，那么店铺假设的需求绝对不是顾客的真实需求，商品所提供的商品很难满足顾客的需要。

二　更有效的动线规划

著名的跨界学者大卫·霍金斯博士通过研究人类意识图表得出了一个结论：人的本质需求是拥有更多的能量。本书不详细谈及具体的能量层级和分类，只针对顾客进店行为进行分析。根据我以往对顾客行为的观察和思考，顾客的行为完全符合这个结论——进店消费的本质需求是获得更多的能量。更严谨地说，用这种思维框架（语言方式）描述的顾客行为与现实情况更为贴合，这种研究也更符合行为经济学的研究传统。

用一个公式对这种现象加以总结，如下所示。

顾客真实需求 = 商品能量 + 体验能量 − 能量消耗

商品能量是顾客购买商品所能实际得到的利益，会导致顾客能量的增加；体验能量是顾客选购商品时所获得的信息增长感、审美水平提高感和身临其境的满足感（想象自己拥有这件商品后所获得的体验快感），这些感觉都会增加顾客的能量；能量消耗是顾客在获得上述两种能量的同时不得不消耗的自身能量，比如走更多的路、说更多的话、费更多的脑力和眼神。

理解了这个公式，即可明确失败动线设计失败的原因，以及成功动线设计成功的秘密。

这几年的商业数据显示，模拟宜家的大多数家具店平均在1年之内关停，其中的一大原因是顾客觉得逛这些店太累了，不仅商品吸引力不够，还需要跑更多的腿，费更多的力，与其这样，不如去家具超市，想买什么，径直去专区选购。

动线规划的首要原则是让顾客觉得轻松自在，没有压力，能在获得价值的同时减少能量的消耗。从一线店铺的实操层面来讲，我们长期调研后发现，以下几个要素的优劣，会对顾客的行走感受产生直接的影响。

(1) 视野

若顾客在门口朝店内张望时能看尽整个店铺的布局，顾客会更有进入的意愿，因为这个时候，顾客会下意识认为"不需要走很多路"。基于这一点，在货架有高有低的时候，应尽可能把低货架放在门口，高货架放在内部偏后的位置，以门为基点，呈现由低到高的层次感。有些国内店主喜欢借鉴高级住宅的装修风格，在门口立一面屏风，期望顾客被好奇心驱动，绕过屏风，走入店铺，看到"大千世界"。但实际上，对于完全不了解的事物，人们是不会有任何好奇心的。只有对事物有了部分了解，产生了兴趣，渴望了解更多的时候，才会出现好奇心驱动力。

善用视野的一个重要原则，是让顾客能够站在店内的某处，尽可能多地看到商品，即让顾客可以用眼睛快速获取商品信息（最低能量消耗），并在大脑中进行试用。顾客消耗的能量越少，获取的信息越多，动线规划得越成功。

(2) 通道

过客通道太窄会让顾客有压迫感和束缚感,过客通道太宽则会导致顾客浏览和选取商品不方便。对于不同的商品来说,适中的距离是不同的,但有一条总体原则,即一位顾客挑选商品时,另一位顾客可以从其身后从容通过,不需要侧身或等待(进行无用的能量消耗)。

通道的商品陈列,可以按照由疏转密的方式布局,即门口区域的商品陈列少一些,随着顾客往店铺深处走,陈列的商品逐渐增多。这样做的好处是可以在视觉上帮助顾客减速,让顾客越深入店铺,行走的速度越慢,浏览的商品越多(获得更多体验能量)。

使用这种布局方式的一个著名案例被行为经济学家理查德·泰勒记录在他的畅销书《助推》中,大意如下。

在芝加哥的密歇根湖旁边,有一条环湖大转弯道路,因为路况好,许多司机路过这里时会加速,导致交通事故频出。为了避免这种情况越来越严重,交通管理部门采纳了行为经济学家的建议,在道路上设置了视觉线条减速带——以由疏转密为规律画出一条条白色横线。虽然道路表面并没有任何凸起障碍,但过往的司机看到这些越来越密的线条后,会下意识地逐渐降低车速,从而降低交通事故的发生频率。

(3) 中岛

许多商家喜欢设置中岛,因为中岛不仅可以放模特、推畅销款,还可以做堆头、摆造型、活跃店铺氛围,甚至可以放货架,把需要展示但没有位置展示的SKU(单品)统统放上去。殊不知,过于复杂和混乱的中岛对顾客来说类似于路中央杂草丛生的小花园,滋养蚊虫、阻碍交通、浪费能量。

从店铺的动线规划角度考量,中岛的作用只有两个,一个是让顾客的视野变得更好,另一个是让畅销款陈列得更多(摆放穿着畅销款的模特也是可以的),除此之外,附加的其他功能都是画蛇添足。很多电子产品零售商酷爱中岛陈列,壁橱只是用于陈列一些配件，此举能够将中岛的视野强化功能发挥到极致。如果无法通过中岛摆放让店面变得有趣和醒目，那么，至少要将中岛上的商品摆放整齐。

(4) 颜色

色彩对顾客行走路线的影响往往比商家认为的大。而且，色彩反映在从商品到环境的每一个方面，其对于顾客心理的影响也体现在诸多细节中。我们通过实验发现，商品颜色深，环境颜色浅，是一种比较好的搭配，能够吸引顾客停驻，并引导其把注意力集中在商品上。许多店铺，受品牌形象左右，不得不选用厚重的环境色，而产品是浅色的，比如某些品牌的手机和平板电脑，这时就需要一个额外的装置——射灯，来为产品增添贵重感。

关于颜色的选择，有一个重要的非美学观点，也就是上文提到过的行为经济学视角的观点——颜色的选择要尊重顾客对于"省力"的要求。也就是说，通过选择适当的颜色，让顾客产生一种心理感觉：通道的距离被缩短了，体力被节省了。我们在实体店铺内进行的实验表明，顾客感知到的颜色越少，会认为距离越短。因此，选择店内地板的颜色时，在不影响装修总体色调的基础上，以选择和环境色贴合度高的颜色为佳，这会让顾客感觉颜色少，走起来轻松，买起来省力。

(5) 休憩区

曾有商家认为，设置休憩区是多余的，既不会增加销量，也不会提高连带量，是单纯的成本支出。然而，随着零售业整体学习意识和学习能力的提高，越来越多的商家意识到，和餐馆、游乐场不同，顾客的停留时间和店铺的销售业绩呈现高度的正相关。店铺不需要翻台率，店铺需要停留时间，因此，把顾客留在店中，是很多店铺的头等大事。

顺着这种思路，休息沙发、半躺椅、儿童嬉戏区陆续出现，甚至一些店铺开出了咖啡厅。这种思路是对的，这是在给顾客增添能量。只不过，做到一半是没什么用的，要么不做，要做就做到极致，比如比自己家里还舒服的沙发、孩子一玩就不肯走的嬉戏区、能够和瑞幸咖啡的口感平起平坐的咖啡……短期看，这种投资烧钱又烧脑，长期看，绝对回本又超值。

让我们简单总结一下动线设计的本质。动线设计的核心不是为商家提供便利，不是让顾客在店内像旅行一样游走，也不是给顾客传递无用信息，浪费顾客的时间、精力，而是为顾客提供尽可能精准的购买机会。这种机会的提供是否成功，取决于是否满足了顾客"偷懒节能"的需求、"轻松取能"的需求、"不被束缚耗能"的需求。唯有满足了顾客的这些需求，顾客才会愿意经常性地光顾店铺，为店铺贡献更多的销售额。

2.4 "强迫症"也能为零售业所用

顾客的若干强迫症表现和应对策略

一 "强迫症"的普遍性

曾经有一段时间，中国人被低劣广告环境，不胜其扰，比如听到"今年过节不收礼"的时候，会毫不犹豫地说出后半句——"收礼只收×××"。这种广告虽然可恶，人见人烦，但传播效果堪称神奇，让"正常"的广告可望而不可即。我们这里要探讨的不是这种低劣广告的开发与功效，而是人们面对这种广告时自动出现的强迫症——必须接完整句，否则浑身难受。

与此相似的还有很多流行歌曲、流行童谣，人们在听到上半句的时候，不但会立刻哼出下半句，还会自带伴奏和音调，比如"找呀找呀找朋友"……

我与身边的同事一起尝试过，说出"找到一个好朋友"时，是很难保持正常语调的，大部分会不自觉地哼唱出歌曲的旋律，而且会继续哼唱后面的部分："敬个礼啊握握手，你是我的好朋友……"

很明显，这是一种根深蒂固的强迫症。与我们传统认知中的强迫症不同，这种现象是极其普遍的，几乎每个人都有这种"强迫症"。站在零售的角度，这种特质表现在店铺销售中的很多方面。

我认识一个店长，她叫罗思，有许多销售窍门，其中之一给我留下了很深刻的印象。罗思处理滞销款服装时，会以侧挂的方式悬挂这款服装，并专门把其靠外侧的袖子翻上去,搭在领子上,仿佛刚刚被一阵神秘微风吹起来。许多顾客路过的时候,看到这件衣服,会情不自禁地顺手把袖子拉下来,"刚好"看到领子上的打折标价牌。罗思说,这种技巧能让滞销款服装突然变得畅销。

我相信罗思所说是有数据基础的,此举确实让她收益颇丰。她的描述中的顾客举动,正好和很多顾客常有的强迫症表现不谋而合。沿着这个角度,我又发现了一些有趣的现象。

某些运动商城喜欢在地板上画跑道,给顾客一种醒目的暗示:这里是运动区域,你应该选购一些运动用品。一家运动商城甚至在画跑道的基础上做了一些升级,具体如下。

这家运动商城为长方形结构,入口在某条短边的一端,另外三条边是封闭的,商城的整体动线呈U字形。可以想象,在这家运动商城中,商城入口处的品牌比商城内部的品牌占优势,许多顾客买到了心仪的产品,便不会继续逛了。大概是为了改善这种情况,这家运动商城在动线跑道上印出100m、90m、80m的字样,一直到10m、0m,这给了那些爱运动的人一种强烈的心理暗示:如果你在50m的地方掉头,就是没有完成比赛。

据这家运动商城的经理说,在动线跑道上印出距离标记之后,顾客在商城内的平均停留时间上升了30%。不知是不是这个创意的缘故,这家运动商城的业绩明显高于其他运动商城。

对于游乐场来说,这种策略早已有应用,并成为业界常识。富有经验的游乐场经营者会把最刺激、最能激发人们大喊大叫的设施安排在游乐场最里面,而把适合幼儿的一些有趣但安静的设施安排在游乐场门口。他们深知,当游乐场里面的叫声响起,门口的人们会情不自禁地想要去看看到底发生了什么。即便看到后因深感恐惧而没有去玩,大家也会多玩几个在路线上看到的其他设施。同伴的叫喊声会产生强烈的强迫效应,不管好奇心是强还是弱,大部分人会想凑这个热闹。

很多人不知道,H&M和优衣库店铺中的音乐是固定的,督导、店长,甚至区域经理都没有权力更换。它们选用的音乐通常是节奏感比较强的轻电子乐，这种音乐有一个特点，人们会在听到的同时不由自主地轻微晃动身体。这种晃动会让人们感觉身心愉悦，仿佛在和某种东西进行共鸣。在某段音乐没有结束的时候，一种黏性效果会发生作用——人们想跟着音乐共鸣下去，直到该段音乐结束。这种音乐通常会比普通歌曲长一倍，平均每段10分钟左右，切换的时候是很自然地过渡。顾客跟着音乐的节奏，在店内的停留时间会增长，更长的在店时间意味着更多的选购机会。最厉害的是，这一切是在顾客无意识的情况下发生的。

视觉与听觉能够激发人们的强迫症，产生对商家有益的效果。嗅觉如果能加以合理利用，也有同样的作用。

臭豆腐营销是利用嗅觉的典型。在长沙，我曾经问一个上数三代都在做臭豆腐生意的老板："您家臭豆腐的味道是豆腐自然散发的，还是专门调制的？"老板看我在他们家一连买了12个大礼包的臭豆腐，心情大好，告诉了我他们行业的秘密。原来，臭豆腐本身的味道没那么大，特别是油炸臭豆腐，甚至可以没有味道，吃起来是一样的口感。但这样显然违背了"臭豆腐"的名号，所以商家会添加一些无害的东西，让臭豆腐飘散"臭味"，吸引人们前来品尝。人们起初受不了这种味道，只是好奇，但一旦靠近，品尝了一块，就会着迷，再次闻到这种味道时，必须过过瘾才能放过自己。

这些有趣的现象，是值得零售从业者仔细研究的。

二 强迫症"为我所用"的原理

对强迫症的利用之所以在零售业中如此普遍，是因为强迫症背后的心理动机是有科学依据的，这些心理动机是行为经济学许多研究的源泉。接下来，我们逐一解析如图2-5所示的4种强迫症动机。

第二章 行为经济学中的消费心理探秘

图2-5 强迫症动机

（1）回避残缺的动机

对于残缺的事物，人们是发自内心抵触的。这种抵触，有着长久的、代代相传的社会心理因素——在原始社会，残缺的孩子会被剥夺生命，残缺的工具会被遗弃，残缺的房子会被拆除重建……残缺约等于失去现在和未来。

时至今日，大部分人对于残次品依然有一种天然的抗拒和恐惧，会想要消灭残缺，改变残缺，让一切恢复为完整的状态。

这种对于残缺的恐惧，形成了一种很强的心理动机，即我们不能接受自己身上的残缺。比如，刮坏的丝袜虽然不影响穿着舒适度，但我们一分钟也不能忍受。又如，我们不能忍受目光所及的残缺，看到快要从衣架上掉下来的衣服，我们总会不自觉地伸手扶正。当然，如果残缺太严重，无法修补，我们会尽快逃离。这是一个有意思的"度"的问题。无论如何，本质是一样的——人们有回避残缺的内在动机。

（2）追求完美的动机

从石器时代开始，人类部落就在打造各自的"完美文化"。在不同的地区，表现形式有所不同，但本质上是类似的。无论是在欧洲的山洞壁画上，还是在东方的半坡先民遗迹中，都能发现这种追求留下的痕迹，比如，盆子、杯子、武器、衣服，都尽可能完整、完美。特别有意思的是，同样的器物，从颜色到花纹，绘画作品会比实物作品更加完美！也就是说，画匠们有一种普遍意识，会对实际器物上的不完美瑕疵进行修饰，让作品在画作中呈现比实际状态更美好的状态。正如现在许多人自拍后，会"后期磨皮"。

这种动机与所处的社会阶层无关，与上级或客户的要求无关，是人类的本性之一。

在动物世界，这种动机并不常见。如果不是生存必须，绝大部分动物没有动机优化自己的巢穴工艺、飞行技术、进食表情……动物的本能是实用主义，而人类与众不同。或许，从生态学的角度出发，"追求完美"是人类区别于其他动物的根本内心需求。这种群体意识是如此强烈，以至于"不完美"这种自然界最普遍、最无奇的现象，能够成为人类社会中稀有且高级的艺术形式。

（3）整齐划一的动机

很多年轻人不理解，上了年纪的大妈和大叔为什么爱跳广场舞？很多人会想，如果喜欢跳舞，可以自己在家跳啊，跳得不好也没有被旁观者嘲笑的尴尬。直到他们上了年纪，也跑到广场上翩翩起舞……

如果了解过人类的社群文化，大家会发现，无论东方、西方，无论古代、现代，"集体舞"这种东西都不曾离场。

某行为心理学研究表明，当人们聚在一起做同一件事、同一个动作时，每个人的内心都会产生愉悦，人群的动作越整齐、越一致，这种愉悦越强烈。

一方面，人们渴望成为群体中出类拔萃的个体，另一方面，人们也希望成为卓越整体中无差别的个体，这种看似矛盾的心理动机，是人性的一部分。所以，当人们看到整齐的物件摆设时，往往会有一种内在舒适感，并渴望这种内在舒适感持续下去。这种渴望，导致人们有整齐划一方面的强迫症。

（4）因果循环的动机

没有耐心玩多米诺骨牌的人大多想不明白，这种简单、重复、精细的"工作"为什么会有那么大的吸引力,让爱好者不惜花费几个小时,甚至几天的时间,见证一场预期中的倒牌。

我有一个朋友非常喜欢玩多米诺骨牌,他能连续摆牌3天,平均每天摆12个小时,不知疲倦,直到大功告成。看到他动一动手指,几分钟内,3天的工作成果就"毁于一旦",成为一地凌乱,我分外不解,问他乐趣何在,他回答说:"看到自己小心翼翼摆的牌一张接一张倒下,虽然只有短短几分钟,但那种内心的成就感是无法形容的。这个世界很复杂,很少有什么事是如此确定的,只要足够精细,结果就绝无差错。"

我理解了,人们对于因果循环也有强迫症。人们希望事出有因,相信有因必有果,也愿意为这种因果兑现付出大量的时间和汗水。

对于零售来说,如果可以展示这种确定的因果循环——买了商品就能得到明确的利益,那么很少有顾客能够抗拒购买。只不过,很多时候,因为商家的淡漠,顾客内心并不确定这种因果循环是否存在。

强迫症是人们内心无法根除的状态,并不像许多人说的那样:"我有强迫症,很严重,她有时有强迫症,有时没有。"仿佛强迫症是可选择的非正常状态。强迫症不可选择,只有程度强弱的区别。大多数人的强迫症是无害的,了解强迫症上述4种主要动机的不同表现,能帮助商家创造更多的销售机会。

我们回忆一下罗思的例子,她对于顾客"逃避残缺"强迫症的巧妙应用,帮她实现了更多的销售业绩。其他强迫症,无论是"追求完美",还是追求"整齐划一""因果循环",都是有策略空间的。也许是留给顾客一个动作,也许是陈列一个物品,也许是设计一句出自导购之口的话……找到这个策略点,做点什么,也许商家渴望的交易就会发生。

2.5 销售过程中的"答非所问"
把复杂问题变简单的"简化三问"

一 "答非所问"的本质

经营过服装店的零售从业者大多知道，在日常店铺经营中，和顾客之间的沟通是最难的。导购和顾客明明在用同一种语言交谈，但看起来像是两个不同星球文明之间的对话。如下场景，对于店铺经营者来说，一定不陌生。

"你喜欢什么风格的衣服？"

"我想想……大概是英伦风吧！"

"你最喜欢英伦风的什么元素？"

"嗯……朋友说英伦风和我的气质很搭，我有好几款这样的衣服，我适合这个风格。"

"我们刚到店一款风衣，配有非常经典的维多利亚式蝴蝶结，您可以试试看。"

"啊？维多利亚不是内衣吗？"

"这……"

可以看出，以上对话中的顾客对英伦风一点概念也没有。该顾客真实的意思大概是自己想要那种看起来职业但不刻板的衣服，穿到办公室去会显得卓尔不群，一眼就能看出不便宜，但不会过于奢华。该顾客追求的大概是领导觉得自己有品位，同事觉得自己有格调，下属觉得自己很专业，总而言之，自己看起来美丽动人。至于是英伦风还是日韩风，谁在乎呢？

这是服装导购常遇到的问题，没经验的服装导购往往会落入顾客的"语言陷阱"，开始把推销重点往英伦风上靠，努力回忆之前的产品培训中，培训师提到过产品的哪个部分和英国有关系。

有经验的服装导购则不会自找麻烦。有经验的服装导购往往会绕开顾客的回答，轻车熟路地介绍服装FAB（产品特性、产品优势、客户受益点）。天下武功，唯快不破，所有优点一拥而上，谁能不动心？

真正有洞察力的精英服装导购，刚能从顾客的答非所问中，找到顾客真正的关注点。

人们经常会被问题难倒，但很少有人意识到这一点。多数情况下，人们会在潜意识里巧妙地替换有难度的问题，改为一个更简单的问题，并给出得心应手的答案。

比如，孩子考完试回到家，家长问："考得如何？"这是一个比较难回答的问题，需要归纳总结、系统追忆，才能得到准确答案。在这种情况下，孩子通常不会去系统思考，而是会将复杂问题替换成一个简单问题并回答。家长通常会听到如下答案，"题全部答完了""我答出来了最后一道大题""我应该只做错了一道题"……

答非所问，不是孩子的问题，而是家长的问题，家长问了一个自我感觉"简单"，却让孩子难以回答的问题。

在零售业同样如此，导购通常会问出特别难回答的问题，顾客则通常会自动回避这个问题，给出一个简单但意义不大的答案。

最理想的情况是，零售从业者直接问出简单问题。

简单往往意味着具体，具体意味着熟悉，让店员和顾客迅速熟悉，是相当难完成的任务。所以，通常情况下，店员问不出简单问题。问问题，需要店员有意识地化繁为简，用问题漏斗来引导提问，实现问题的简单化。

二 "答非所问"的解决方案

注意,问题的简单化并不是目标,获得答案才是。我们最想知道的是核心答案,即那个可以导致"下单"的答案。

为了得到"简单"的答案,专家设计了"简化三问"概念图,如图2-6所示。

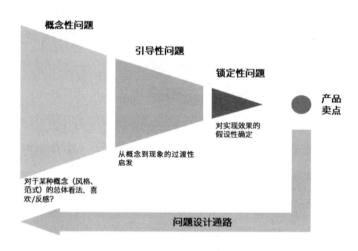

图2-6 "简化三问"概念图

概念性问题主要用于暖场——不是用没有意义的话寒暄,而是抛出一个概念,等着对方接住,或者抛回来,相当于告诉对方:"嗨,我要跟你说点事情,有意义、有意思的事情。"

前文例子中的"你喜欢什么风格的衣服"就是一种概念性问题,无论顾客的回答是什么,你们已经框定了谈话的大致范围,可以在这个范围内继续深入沟通了。

但如果像前文例子中那样问了错误(过于复杂)的问题——"你最喜欢英伦风的什么元素",很可能会导致错失深入沟通的机会,让顾客知难而退,淡出话题,甚至逃开。

在前文例子中,服装导购应该控制话题走向,问出引导性问题,从概念具体到现象,将范围窄化。比如在对方回答"英伦风"之后追问:"就是让人显得很职业、很优雅的那种风格吗？"

这个时候，服装导购无形中把话题聚焦了——无论对方回答"是"或者"否"，都能获得更有用的信息，体察到顾客的真实口味和潜在的购买动机。

接下来要问的是锁定性问题。锁定什么？自然是已经准备好的、呼之欲出的产品卖点！服装导购需要进一步收窄话题，直指目标。比如，在前文例子中，当顾客回答"嗯，我喜欢比较职业又不失优雅的装扮"时，仓库中正好有本季热销款——小方格衬衫，服装导购掷出的第三个问题应该是："职业又优雅，我一下子就想到了伦敦金融街那些穿着小方格衬衫的职业经理人。我们刚到了一批今年的流行款服装，蓝色小方格衬衫，您应该会喜欢，我给您拿一件试试吧？"

大家肯定注意到了，这3个问题，一层一层地把顾客"锁定"，而顾客在这个过程中，一点也不会感到难受，甚至会很享受这个问答过程。原理在于，这个问答过程让顾客很省力，可以不去想自己到底想要什么，"闭目养神"般地得到自己心中真正的答案。简而言之，服装导购一直在给顾客提供准备好的台阶，让顾客不需要自己寻找替代性问题。在此过程中，服装导购起到的作用是帮助顾客进行更轻松的思考。

需要注意的是，提出问题的逻辑是从提出概念开始，到锁定产品结束。设计问题则相反，首先从产品卖点入手梳理思路，然后设计锁定性问题、引导性问题，最后设计概念性问题。

为什么是这种逻辑呢？部分读者肯定已经想到了答案——做生意的核心逻辑是先明确我们有什么产品，再在其中寻找能满足顾客需求的产品卖给顾客。如果反过来，充分挖掘了顾客需求，但发现顾客要的不是我们有的，那就竹篮打水一场空了。

我们再举一个例子，展示设计问题时的思考过程。

假设你是一家手机店的导购，店内手机的卖点是拍照功能强大。之所以拍照功能强大，是因为店内手机的摄像头都是徕卡镜头，业界评价最高，用户口碑最好。

围绕着这个核心卖点，你设计的锁定性问题应该如下。

"您应该对徕卡镜头很感兴趣吧？"

"徕卡赞助的手机作品大赛您肯定看过吧？"

"摄像头的品质是拍出好照片的关键之一，对吧？"

"老牌镜头厂家确实有科技实力，对吧？"

……

这些问题都直指要害。选手机时关注拍照功能的顾客，一定会被这些问题引导向你的产品。但你不能一见到顾客就问这些问题，突兀且不自然，你要一步一步地循循善诱。

以这些终极问题为起点，接下来你应该做的是根据这些问题，设计相关的引导性问题，如下所示。

"拍照功能是您考虑的核心功能吗？"

"看到精彩的场景，您应该会立刻掏出手机拍下来吧？"

"您应该很喜欢在朋友圈分享平时拍摄的作品吧？"

"您觉得对优秀的手机照片来说，最关键的影响因素是什么呢？"

"您信赖老牌摄像头厂家吗？"

……

引导性问题是过渡性问题，是提出概念与锁定需求之间的桥梁。设计这部分问题时要有耐心，很少有导购能提出一个引导性提问就成功过渡到锁定性问题，往往需要两三个问题做牵引，才能实现目标。

概念设计的好坏，会直接影响后面问题的导出效率，毕竟，给出概念是圈定顾客思考范围的第一步。如下这些问题，是初始的概念性问题。

"您对手机的什么功能最看重？"

"您想买一个什么类型的手机？"

"您为什么要换掉现在的手机？"

"您是给自己买手机还是给别人买手机？"

"您想看什么价位的手机？"

……

提出概念性问题时最忌讳急于求成，那样会引起顾客的反感，使得达成销售的可能性骤降。试想，当导购问顾客的第一个问题是"您好，您应该对徕卡镜头很感兴趣吧？"时，顾客会作何反应？

顾客难免会升起戒备心。在这种情况下，任何后续问题都像是挑衅和威胁。一旦让顾客想起"冤大头"这个标签，并不自觉地将这个标签贴在自己身上，他们就不会想购买任何东西，只想尽快逃离。

概念性问题，只要圈定大体方向就可以了。注意，这个方向不要距离锁定性问题太远，否则会给确定引导性问题带来很多麻烦。

比如，当你的第一个问题是"您喜欢什么颜色的手机？"时，无论顾客怎么回答，都会和你设想的方向不同。此时，你再想往产品主推功能——拍照功能，以及摄像头品质这个方向上引导，要费很大的力气。

让我们回到本章节主题。"答非所问"在销售过程中的应用，表面看是基于销售话术的构建，实际基石是顾客的基本心理动机——想要在轻松的休闲购物时光里遇到一位界面友好的"工具人"，用最省力的方式得到最明确的答案、买到心仪的商品。

围绕这个基石，商家需要做的是设计一系列通往目标答案的问题通道，一步一步地让顾客感觉"被抬着轿子"抵达那里。

2.6 首因效应的零售应用
店铺第一印象效应的分析及营造

一 第一印象的表现

距离我家不远的商业街区里有一个中型商场。这个中型商场以社区中档消费人群为目标消费人群，多年来经营比较平稳，里面的商家变化不大。其中有一家知名品牌体育用品店，面积大约为400平方米，在行业内属于非常大的店铺，与这家店的面积不相称的是它的业绩——一直不温不火，销售量不小，销售额不高。

零售从业者大多知道高销售量加低销售额意味着什么，意味着店员很可能会非常累，在后仓与前店之间折返跑，每天用大量的时间处理物流订单与各种退货信息。此外，高销售量加低销售额对店铺管理而言也是极大的挑战，离职与招聘是家常便饭，而且短期内看不到改善的可能。毕竟，利润率低，说明造血能力弱；销售量高，折射的是没有时间和空间去思考转型。这简直像一个沼泽，是零售从业者的噩梦。

这家店的品牌并不低端，这家店的定位也不是折扣店，所以为什么它会有这种业绩表现，我很是好奇。经过持续多日的观察和思考，我发现了一个问题，这个问题有可能是导致这家店的业绩表现不尽如人意的关键所在。

原来，这家店习惯于把折扣商品摆放在门口的货架上，并且在高处摆出非常显眼的折扣标价牌，顾客一进门，会第一时间看到折扣标价牌。而且，这家店有一个约定俗成的管理制度，即将折扣最低的商品摆在最靠近门口的位置，折扣略高的商品按照折扣水平依次往后摆，折扣货架之后才是正常商品货架，正常商品货架上不乏在其他同类店铺中销售紧俏的畅销款商品。

或许是因为商场改造，前后门互换，之前的出口成了如今的入口；也许是因为这家店最初是折扣店，后来店铺升级改造，成为普通店，但陈列方式一直没有调整……具体原因不得而知，不过在附近的人们心中，这家店是"不折不扣"的折扣店！这家店中的所有商品，都"理应"有全市最低的折扣，若不如此，便很反常。

从购物心理学的角度说，顾客走进店铺的第一印象，往往就是该店铺给顾客的最终印象；顾客在店铺中看到的第一个标价，往往就是该店铺商品在顾客心中的平均价格。因为顾客大多会根据其在店铺中看到的第一件商品为全店的商品定级，所以在百货时代的传统零售人心中，橱窗永远是最重要的展示平台，没有之一。

目前有许多心理学实验对第一印象进行测试，得到的普遍结论是第一印象可以改变，但很难改变，其难度在于人们潜意识里懒得改变。人们对目标对象建立印象后，该印象会在人们头脑中占据一个位置，如果有新的印象加入进来，至少需要4个动作：其一，评估这个新印象，分析其优劣；其二，将新印象和原印象进行比对，论证新印象的正确性；其三，删除原印象；其四，接受新印象。

除非是有意学习某种新知，对于大多数人，特别是普通顾客来说，完全没有必要这么复杂地主动更改对某店铺的印象，这会消耗他们大量的时间和精力。顾客需要在轻松的状态下逛街、购物，所以第一印象建立起来后，很难有机会被删除和重建。

遗憾的是，目前，大多数零售经理和店长并没有意识到第一印象的重要性（这也受制于他们的第一印象／固有印象）。他们并没有在店铺的入口处精心雕琢，只是把这里当成顾客进行购买的必经之路，和其他通道没有本质区别。甚至很多店长会因为入口处普遍安装有CR（客户成交率）计数器而对入口处心生厌恶，有意回避这个区域，不是万不得已，不会出现在这个区域。在这种心态的影响下，顾客能对店铺产生怎样的第一印象，可想而知。

还有一些零售经理和店长，意识到了第一印象的重要性，但错误地利用了这一点。他们觉得，第一印象可以是诱骗顾客消费的存在，通过夸张的标价牌、卓越但禁售的展示品吸引顾客进店后，顾客自然会被其他商品吸引，进行购买，让店铺盈利。

经过论证，这种异想天开的小心思在面对顾客时可以说是一点用处都没有。一旦顾客发现店铺试图营造的氛围和实际氛围不符，顾客不仅会加速离开店铺，而且会因为上当受骗，散播对店铺的差评。这解释了为什么前些年那些在店铺门口摆着"吐血甩卖，卖完关店"的商家，随着第一波挨宰顾客的觉醒，迅速淡出江湖。

不要忘记，顾客的本质是懒，不是笨。顾客想用最省力的方式获得一致性体验，反感因为不一致而无法消费。与其诱导非目标顾客进店，不如一开始就不让非目标顾客进店，省下来的导购精力、体力，可以用于服务更精准的目标顾客。

二 第一印象的营造

为了营造良好的顾客第一印象，提高顾客进店消费的意愿，这里有3个原则需要遵循。

（1）一致性原则

所谓一致性原则，指顾客进店后看到的橱窗陈列、店铺摆设、海报张贴等一系列视觉元素始终统一，彼此不冲突、不矛盾。比如，店铺当季主推商品的卖点是"鲜活"，那么"鲜活"主题需要在店铺内的海报中有所体现、海报中的"鲜活商品"应该陈列在店铺的核心位置、行来走往的导购也应该是"鲜活商品"的代言人和体验者。只有这样，"鲜活"这一印象才能深入顾客脑海，顾客才会不自觉地确立这种印象为对该店铺的"第一印象"。

此外，根据一致性原则营造第一印象，能够帮助店长和店员找出那些给顾客带来"负面"（不可控）第一印象的视觉元素，及早剔除，完善店铺的"正面"（可控）形象。

我们可以用零售店铺常用的一种方法——"神秘顾客到访法"，改善店铺的一致性。即在"神秘顾客"工作表中的常规任务清单上添加"一致性"项目列表，让"神秘顾客"记录进店时的第一印象，和之后接触导购、货架、商品时的印象（包括感知价格、商品格调与风格、功能倾向等），整理后进行分析对比，发现其中的不一致，转交给店铺，由店长根据相关信息进行"一致性改善"。

（2）新鲜感原则

人们有种本能被称为喜新厌旧，这不是说人们天生厌恶旧东西，喜欢新东西，如果真是这样，新产品推出时，不会只有大概5%的受众会率先尝鲜，70%左右的受众在得到评估反馈后才会购买。

人们"喜新厌旧"的内在原因是容易产生审美疲劳，漠视见过很多次的东西，进而一笔带过，一走了之。新鲜的、没见过的东西才会激发人们的好奇心，让人们停下来，解除自动模式（人们在同时做很多件事时，除了最主要的一件事，其他事都在自动模式下进行。人类的思维特点决定我们只能在一个时段聚焦于一件事，但我们能同时"自动"做许多件事，比如开车时听音乐、挠鼻子）。

由此可知，为了让顾客进店后的"第一印象"与我们营造的"第一印象"一致，我们不能让顾客在"自动模式"的状态中进店，而要提前开启顾客的"手动模式"，让其在特定场景中注意到我们精心布置的精美海报、巧妙陈列等，从而被激发好奇心和购买欲。如果店铺门口的陈列布局3周不变，那顾客很可能会认为店铺里没有新鲜的商品，这是一种很自然的第一印象。当顾客选择转身离开（在门外张望后不进店）时，我们根本没有进一步解释和展示的机会。

（3）亲和力原则

解释亲和力原则之前，我们有必要说一说"亲和力"的反面——"排斥力"。

有些店铺，为了提高新鲜感，会在装饰方面使用一些非常刺激的元素，比如血腥喷绘、暗黑力量、神秘涂鸦等。这些东西的确会带给人们某种新鲜感，但大多数人面对这种"新鲜"时，只敢远观，不敢靠近。人们对负面的东西是天然排斥的，这种力量被称为"排斥力"。排斥力会让人们把眼前的一切推开，包括店铺内的商品。与之相反，亲和力会让人们接纳眼前的一切，包括店内的商品、导购、海报。

零售店铺终究是业绩导向的，以卖货为本职工作（与"剧本杀"等情景体验另类商业不同）。如果失去了亲和力，给顾客以神秘莫测，甚至邪气冷酷的印象，是非常糟糕的。

关于亲和力的营造方法，许多书籍有论述，本书不作赘述。姑且抛砖引玉，柔和的颜色、自然的布局、匆忙但不冷漠的导购……都对提高亲和力有帮助。

第一印象的营造层次如图2-7所示。

图2-7 第一印象的营造层次

在图2-7中，我们可以看到营造第一印象的3个层次，分别是一致性、新鲜感、亲和力，按照从低到高、从简单到复杂的顺序排列。循序渐进地沿着这个层级进行设计，店铺就可以对顾客的第一印象产生深远的、可控的影响。

需要注意的是，这3个词本身的含义解读范围较广，不同的人会有不同的认知。而且，对于不同领域和市场的零售店铺来说，其一致性、新鲜感与亲和力特点有所不同，需要进行有针对性的思考。如图2-7所示的金字塔仅作为店铺开展市场工作的可借鉴思考框架，帮助梳理相关要素，建立不断提升的路径。

总而言之，我们需要明白的是，顾客对店铺建立的第一印象，通常约等于其对店铺的最终印象。分析顾客的进店率指标时，要充分考虑这一影响因素。

2.7 满减与折扣的差异
从顾客的心理敏感区出发，思考两种促销方式的不同

我们知道，以服装、鞋帽经营为主的商场中，经常会做两种和价格有关的促销活动，一种叫"满减"，一种叫"折扣"。

所谓满减，是顾客购买商品达到一定金额后，会有一个可观的现金减免，比如满500减100，即顾客买够500元的商品，商场会返还顾客100元，使顾客的实际支出为400元；所谓折扣，是直接对特定商品打折，比如8折、5折、3折，标价500元的商品打8折时，顾客可以用400元买到。

大家可以发现，满500减100活动，和对500元商品打8折活动，实际折扣力度是一样的，只是说法不同。因此，许多人，包括部分零售从业者认为，这两种价格促销活动没有区别。但实际上，这里面有深层次的行为经济学原理值得剖析。

从商家的角度出发，打折可以实现更快的定向售罄（针对积压品和过季品），清除库存，给新货更好的资源配置；满减则可以在提升销售额的同时，促进连带销售，给出更漂亮的业绩指标。

现实中，商家面对不同的卖场环境，往往会有不同的决策倾向。这里，我们

不细谈零售规划和管理的问题,而是从消费者的角度出发,分析顾客看待这两种不同的促销方式的心理感受和行动反应。

(1) 满减的顾客心理

满减,往往会给顾客一种"占便宜"的感觉。顾客大多会觉得,这是一次难得的购买机会,抓住这次机会,意味着占到了便宜,而错过了这次机会,并不是意味着没有占到便宜,而是意味着损失了金钱。

这是顾客心理中很有意思的一点,不存在渐进的过程,顾客天生是非理性的,他们的思维往往处在极端的两头,要么感知到占了便宜,要么感知到遭受了损失。注意,这两种心理状态的外部环境,即商品的价格,可能是一模一样的。

如图2-8所示,我们可以直观地看到这种心理过程。

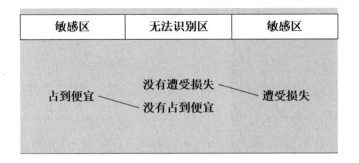

图2-8 "占便宜"示意图

"满减"这种充满"机会主义"味道的活动,能够有效地激活顾客的敏感区,让顾客识别两个敏感区(占到便宜或遭受损失),并在两个敏感区间做出选择。"无法识别区"是无法在顾客的心理层面留下印记的,即便这是理论上更接近真实的情况。顾客会习惯性地忽略"折中地带",最终感知到的区域是左右两个敏感区。

为了让"敏感区"更加敏感(而不是被漠视),"满减"活动的设计关键在于强调机会的稀有。如果商场常规性"满减",那么有可能在顾客心中沦为"街边10元店",导致顾客重新评估商品的价值。长期来看,常规性"满减"的商场不会因为热衷于策划促销活动而获得实际的利润，反而会出现利润持续稳定下滑的情况。

所以在进行"满减"活动时，有经验的店长会特别强调时间，而不是价格。他们会先反复告诉顾客，或者在海报的最醒目处写明：本周六到下周五，仅限7天。再告诉顾客，活动内容是满500减100，还是满300减100。

大多数顾客不会去换算"满减"的实际价值等于多少"折扣"，比如满500减100等于8折。少数会这样计算的顾客，面对满500减100的活动，通常会轻蔑地说："无非就是打了8折嘛。"这些顾客属于价格敏感型顾客，打折的方式会更受他们欢迎。

（2）折扣的顾客心理

接下来，我们谈谈"折扣"对顾客心理的影响。为了便于分析，我们聚焦心理价格比较模糊的领域，比如服装领域、工艺品领域、特色食品领域。和商家忍痛清库存的动机不同，顾客看到商品打折的第一印象是"商品不值钱了"。顾客不会去想商品打折的一百种理由，只会重新审视一件商品的价值，并对价格与价值作比较。

一件衣服1000元，打5折，顾客会以迅雷不及掩耳的速度忘掉之前的价格，开始重新评估：用500元买这件衣服，值不值？如果他们之前关注过这件衣服，觉得小贵，默默地想过，如果标价800元，立刻购买。现在这件衣服500元，他们会立刻下单吗？

答案是"并不会"。

大部分顾客会想："幸亏当时没买，不然现在会后悔的。商家果然无良，这件衣服的成本估计只有200元，说不定下个月就卖400元了。想骗我？没那么容易！不降到300元，我才不会买呢。"

等到商家有一天真的吐血大甩卖，300元出售，顾客很可能会开始新一回合的"幸亏没上当"心路历程，让商家的销售愿景再一次落空。

我们可以用如图2-9所示的折扣敏感度示意图模拟展示这种心理过程。

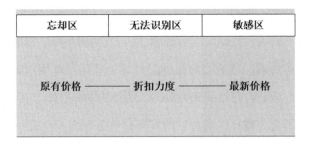

图2-9　折扣敏感度示意图

对于原有价格，顾客会像金鱼一样迅速忘掉（追求锚定效果而把原有价格写在标价牌上属于另一种情况）；对于原有价格和最新价格之间的差价，即折扣力度，很多顾客是无法准确识别的。许多店员声嘶力竭地呼喊"我们的折扣力度前所未有……"时，顾客感知到的可能是商品终于靠近了它的本来价值。顾客只对最新价格敏感，因为这是顾客需要从腰包里掏出的金额。

为了抵消"折扣"的这种严重的消极作用（很可能产生恶性循环），商家需要把顾客的心理关注点从单纯的价格维度转移到机会维度，即让顾客明确地得到信息：如果此时不买，之后很可能只有原价；或者商品即将售罄下架，再无机会购买。

所以，当店铺不得不执行"折扣"策略时，需要找一个合适的"噱头"。商场店庆、店铺升级、断码处理、店铺搬迁……这是我们观察到的常用的"噱头"。当"折扣"在"噱头"背景下进行，售罄会非常迅速——顾客会努力捕捉这种机会；当"折扣"没有来由地直接进行，售罄会遥遥无期——顾客无法识别这种机会的价值。

了解以上顾客心理后，重新审视商家的"满减"与"折扣"，我们应该会有不同的认知。除了店铺日常经营的商品视角、零售视角，我们还明确了如何站在行为经济学的角度看待这两种商家行为对顾客内心的影响，以及顾客做出最终决策的底层逻辑。

这种设身处地的思考，对于加速零售从业者的自我成长来说是非常必要的。无论是"满减"还是"折扣"，都只是促销的出发点，能否成功实现促销，在于传达给顾客的信息是否到位——机会稍纵即逝，要买就要现在买！

2.8 顾客目标与迎宾策略
根据顾客的进店目标，选择不同的迎宾方式

我效力的公司组织员工进行过一次激烈的讨论，主题是"是否应该让导购站在门口迎宾"。本来，这是一个非常简单，简单到不需要讨论的问题，"闲着的时候就去门口迎宾，忙碌的时候就在店内忙"——几乎所有餐饮业从业者都会这样告诉你。但在零售业，特别是快消品零售业，有一些有趣的争议点。

经过多次测算，我们得知，当有导购站在门口迎宾时，成交率和连带率都较高。也就是说，有导购迎宾的时候，顾客的购买概率较高，而且愿意买更多的东西。但是，同店同比的销售额在下降。这有违常理，我们看重成交率、连带率，就是为了提升同店同比的销售额，现在却出现了这种情况。这里面应该有另外一个我们没有注意到的指标，影响了销售额。

分析了另外几个指标后，我们发现，有一个我们过去不太重视（因为不容易测算）的指标，和同店同比的销售额高度正相关，那就是进店率。也就是说，在门口站着导购的情况下，许多潜在顾客不愿意进店了！这个发现，让我们开始重新思考本节开篇的问题：是否应该让导购站在门口迎宾？

直觉告诉我，这不是一个非黑即白的简单问题，不同的情况，应该有不同的处理方式。于是，我们根据购物目的，把顾客分为目标明确顾客、目标模糊顾客、无目标顾客3种。

对应的3种行为如下。

第一种，目标明确顾客知道自己要买什么，他们来商场，就是冲着某个商品来的。他们极少拖泥带水、走走停停，似乎时间对他们来说格外宝贵。他们会用最快的速度购买心仪的商品，然后风一样地离开。

第二种，目标模糊顾客和目标明确顾客的状态不同，他们隐约知道自己要买什么，但还没有下决心购买。或许，他们只是知道自己的需求，但并不明确什么商品可以满足自己的需求。他们带着逛逛看的心理进店，如果商品打动了他们，他们就买，否则就不买。

第三种，无目标顾客没有明确的购买需求，他们只是随便逛逛，打发时间，或者陪别人逛街。如果有什么令他们眼前一亮的商品出现，他们或许会动心，决定购买，但这充满了不确定，多数情况下，他们会空手而归。

这3种不同的顾客，对于导购有着截然不同的需求。

目标明确顾客很期待在进入店铺前看到导购，在听到导购问出"欢迎光临，请问您需要点什么"时，他们甚至会有一种久旱逢甘霖的感觉。他们中的风险偏好者可能会直接说出商品的名称或编号，并找一个最舒服的位置坐下，等待导购把商品拿过来；风险规避者则可能会先绕上几圈，再说出自己大致的需求和想法。有经验的导购会第一时间明白顾客所说的商品是什么，并和颜悦色地捧出那款商品，让顾客过目。这种顾客最讨厌的往往是在店铺内绕了好几圈，没有找到一名空闲的导购。他们会有明显的被轻视的感觉，甚至可能会在客服电话回访的时候给店铺打一个低分。

目标模糊顾客与目标明确顾客不同，他们不喜欢在尚未进入店铺的时候被导购"挡在门前"。在听到导购打招呼的时候，他们也许会出于礼貌，回答一句："随便看看。"对于"懒惰"的顾客来说，这要耗费很大的气力。如果导购不明就里，一直亦步亦趋地跟在目标模糊顾客身后，心烦意乱的感觉会逐渐在这类顾客心中升起，导致他们早早离开店铺，以便心绪恢复到慵懒的平常态。因为目标模糊，这类顾客需要和商品有长时间的互动，比如拿起商品细细观赏，认真体验试用品的各种功能，或者在镜子前反复踱步。这些行为需要时间，更需要空间，这是属于顾客与商品的第一次私密聚会，导购应该做的，是帮忙营造这种美妙的氛围（至少不打扰）。

无目标顾客看到站在门前的导购，有很大的可能会直接绕过。对于导购来说，这或许是个好消息，因为能节省不少无谓的口舌。不过从零售的本质出发，这会导致店铺错失比想象中还要多的销售机会。无目标顾客不等于不购买顾客，正如本书前文所讲，驱动顾客购买行为的主要是感性，而不是理性。事实上，许多购买发生在没有购买计划的情况下——有那么一瞬间，被某个东西吸引、触动，进而做出购买决定。面对这类顾客，导购应该尽量在入口处避让，让顾客如同逛大街一样不自觉地走入店铺，随后，导购可以在恰如其分的时刻出现，给顾客足够的情绪价值，唤起其购买冲动。注意，这种事随缘，不用刻意去做。服务好前两类顾客就好，灵感乍现的时候再来挑战对这类顾客的服务。

表2-1是统计了大量店铺数据后做的一个量化模型。针对不同的产品，数据会有所不同，不过模型框架基本一致。大家可以以这个框架为底板，调整内部数值，使之更匹配自己所在的零售细分领域。

表2-1 购物意图占比表

分析项	目标明确顾客	目标模糊顾客	无目标顾客
购物意图	明确	模糊	没有
导购需求	立即需要	稍后需要	不需要
内心世界	来人帮我	给我空间	让我自由
购买概率	95%	20%	5%
人群占比	10%	50%	40%

前文已针对表2-1中的购物意图、导购需求、内心世界进行了详细阐述，我们接下来着重谈一谈另外两个维度，即购买概率和人群占比。

目标明确顾客的购买概率平均可以达到95%，因为他们已经通过前期样品接触、广告推广等方式接受了产品，决心购买。只要没有特别的情况阻拦，比如过于恶劣的服务态度、商品缺货、自然灾害等，这类顾客的成交可能性极大，只是时间问题。再说人群占比，这类顾客占总顾客数的10%，能遇到这类顾客，得益于前期做好的相关促销工作，店铺成交只是销售过程的最后一环。对于这类顾客，导购的明智做法是不过于殷勤，也不投入过多精力，给予基本的、正常的服务即可。

无目标顾客的购买概率为5%，相当于进店20个无目标顾客，只有1个顾客成交。对这种小概率事件投入过多的资源和精力是得不偿失的。不过，从人群占比上看，这类顾客占总顾客数的40%，是有着相当大的基数的。所以，换一个角度来审视这类顾客，或许他们本次不购买，但积累了好感度之后，下次会购买；即便他们一直不购买，看到新鲜的店内陈列后，如果他们会向周围的朋友传播消息，带来正向的口碑效应，也是非常有价值的。对于这类顾客，导购应该任由他们闲逛，等待他们被店内的海报和陈列激发购买欲和好感。

目标模糊顾客的购买概率为20%，相当于5个人里面有1个人会最终购买，对于店铺来说是很有吸引力的。而且，这类顾客的人群占比达到了50%，是最大的顾客群体。所以，对于导购来说，服务好这类顾客是最重要的，也是最费力的。如前文所述，这类顾客不喜欢导购过于主动、强势，所以时刻关注这类顾客，捕捉他们对于信息的需求，及时给予帮助是最恰当的策略，也是衡量一名导购业务能力的重要衡量点之一。优秀的导购，能够润物细无声地在最需要出现的时候用两三句话解决问题。

把表2-1中的购买概率和人群占比相乘，可以得到一个贡献系数，见表2-2。贡献系数最高的顾客人群，是最应该被导购关注的。

表2-2 购买概率贡献表

分析项	目标明确顾客	目标模糊顾客	无目标顾客
购物意图	95%	20%	5%
人群占比	10%	50%	40%
贡献系数	0.095	0.1	0.02

根据表2-2，我们可以发现，目标模糊顾客的贡献系数为20%×50%=0.1，是三者中最高的，最应该被关注。目标明确顾客的贡献系数为95%×10%=0.095，位列第二。无目标顾客的贡献系数只有5%×40%=0.02，排在最后，在资源有限、精力有限的情况下，可以放弃。

回顾本节开篇的导购站位问题，导购到底是应该站在门口迎宾，还是应该站在店内等待顾客？看看表2-2，答案其实很明显。

既然目标模糊顾客的贡献系数最高，这类顾客的需求最应该被重视。这类顾客的购物意图模糊，对导购的需求不是即时的，需要有一定的空间，所以导购等在店内，在他们需要的时候出现是最为合适的。

根据不同种类顾客贡献系数的不同，执行方案很容易确定。我们可以得到一个虽然笼统，但可以执行的方案——导购最理想的站位是在店内，而不是在门口。

在店内，导购还需要尽量减少顾客的压力，避免过早显露自己的存在。理想状态是顾客在看到导购之前先看到店铺中的商品，并熟悉整个店铺的环境，然后在需要"语音信息"的时候，导购出现在旁边。导购理想的店内站位，是既能总览全局，第一时间出现在任何角落解决顾客问题，又能低调无形，在不需要被顾客看见时完美"隐身"的地方。

2.9 顾客行为中的认知松弛度应用

了解并使用认知刻度盘

行为经济学家丹尼尔·卡尼曼在研究中曾经提到一个概念——认知放松度。他指出，认知放松度就像一个刻度盘，标记着人们面对目标事情时的心理状态。"放松"是事情进展顺利的标志，说明没有新情况，没有必要转移注意力或投入更多的精力；"紧张"则说明存在问题，需要调动"手动系统"参与其中。

对认知放松度这一概念进行一些加工，可以引用几个最常见的心理感受作为标尺，比如熟悉与陌生、真实与虚幻、开心与难过、清晰与模糊、熟络与生疏、预知与未知。这些感受在标尺的不同位置时，人们会呈现不同的状态。以紧张及放松为例，这两种状态对应的行为特征如下。

紧张会导致人们更抗拒、更审慎；放松会导致人们更易给予信任、更依赖直觉、更易焕发创意。

对认知放松度概念进行加工后，可以得到一个工具——认知松弛刻度盘，如图2-10所示。使用这个刻度盘，我们可以更全面、更周到地审视消费者的心理状态和行为趋势，并以此为标准，制定自身的行动策略和计划。

接下来，我们套用这个刻度盘，尝试做一些具体的诠释，完善这个工具的使用指引。

刻度盘分为3个部分，中间部分是主体，即对象的内心状态，状态值的高和低，会带来截然不同的情绪——紧张或放松。紧张的时候和放松的时候，会分别有3种不同的属性加持，即图2-10中左侧的抗拒、审慎、专注和右侧的信任、直觉、创意。

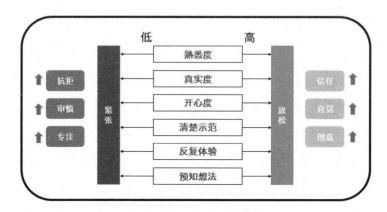

图2-10　认知松弛刻度盘

(1) 熟悉度

主体部分的第一个标尺是"熟悉度"。人们在熟悉的环境中会自然而然地放松，由此产生信任和直觉，以及更多的创意。相反，在陌生的环境中，人们会不自觉地紧张、抗拒，更加审慎和专注。店铺的目标是让顾客更加放松，对导购有更多信任，所以对店铺来说，应该想办法提升顾客的熟悉度。在店铺中增加顾客熟悉的元素是快速提升熟悉度的有效方法（特别是对于大多数首次进店的顾客来说），举个例子，当前的儿童游乐场，如果用20世纪80年代火爆的圣斗士星矢、七龙珠等漫画当背景板，是很难激发"05后"小朋友的熟悉度的，即便家长再喜欢，孩子们也会提不起兴趣，而如果用超级飞侠、熊大、熊二等当前火爆的动画片形象当背景板，很可能会让孩子们蹦蹦跳跳，非常兴奋，因为孩子们熟悉的是后者，不是前者。不同的顾客，有不同的熟悉场景和熟悉IP，明确自己的目标顾客，找到他们熟悉的东西，才能赢得他们的信任。

除了会对自己喜欢的东西产生熟悉感，人们也会对常见的东西产生熟悉感。如果商场周边的社区装饰以红色为主色调，建筑物多为红色外立面，道路也用红砖铺成，那么社区中的人往往会对红色的店铺环境有熟悉感。许多店铺为了彰显个性，会故意选择与所在商场的色调、材质、风格不同的装修，殊不知这样不但没有必要，还很可能弄巧成拙，让顾客对店铺感觉陌生。理想的店内装修风格，是与所在商场一致，并在此基础上多一些别致。

另外一种建立熟悉感的通道被称为"贯耳音"。我第一次听说这个词，是在上大学时。关于学英语，有一种奇特的方法，即在睡觉的时候戴着耳机，循环播放英语广播，睡着了也不停止。每晚如此，英语听力很快会有飞跃式提高。因为害怕听力受损，我没有用过这种奇特方法，不过对这种方法有很深刻和持久的印象。后来，我看到一篇学术报道，了解了这种方法的使用原理：建立对英语的熟悉感。即便是在无意识状态，我们也一直在接收信息，并提高对信息的感知度，当信息再次出现时，我们会很自然地生成一种熟悉感。这种方法对于零售店铺来说一样适用。若商场的广播反复播放某商品的广告，即便顾客没有特别留意，也会接收到商品信息，建立对商品的熟悉感，见到商品时，购买的概率会增加不少。

(2) 真实度

第二个标尺是"真实度"。当人们感觉某事物或某人足够真实时，他们会放松，反之，会变得紧张。"真实"本身是个很有意思的概念，非常主观，不同人对于真实有着不同的评价标准。不过，抛开差异性，我们尝试对其普遍性进行分析，这种普遍性是我们建立真实度理论的依据所在。

对于过于光鲜亮丽的东西，人们会感觉不真实，对于有瑕疵的东西，人们反而会感觉真实，这是现实世界给我们的直接感受。人类的大脑似乎有一种与生俱来的观念，即触手可及的是真实的，能看见却摸不着的是不真实的。因为有瑕疵的、粗糙的、不整齐的，甚至乱糟糟的状态是日常状态，是触手可及的，所以越是接近这种状态，大脑会让我们拥有越多的真实感。基于此，如果店铺卖的是相对便宜的廉价商品，那么让陈列也"便宜"一些、"混乱"一些，反而会有更好的销量。

与人交谈也是同样的道理。谈吐不那么讲究、用词比较随意、情绪容易外显的人，会给人更真实的感觉，这些人说的话，即便不好听、强硬，甚至粗暴，也会让人们更容易接受。

依托这一理论，许多行业的佼佼者，包括西方国家的部分政客及其顾问团，已经开始故意用"粗话""黑话"把自己包装成"更真实"的人，从而赢取人们更多的信任。

零售业完全可以利用这一理论提升业绩。店铺负责人完全没有必要苛求导购的口才，及其艺术修养、文化水平，比如要求导购陈述产品FAB（产品特征、产品优势、客户受益点）时必须百分百流利，适度的卡顿和错误，反而会提高导购的真实度。

（3）开心度

第三个标尺是"开心度"，这个标尺比较容易理解。人们在开心的时候，是处于放松状态的，愿意做冒险的决策、购买新鲜的东西、相信灵光乍现的直觉。反之，在不开心的时候，人们大多处于封闭状态，看待外界的事物时倾向于否定，也不愿意冒险做出购买决策。

因此，保持并提升顾客的开心度是商家义不容辞的责任。坏消息是商家没有办法用说相声、演小品的方式让顾客开心，这难度太高，也很难实现。好消息是逛街的顾客心情一般不会太差，用一点小心思，就能让他们更开心。

比如，准确的赞美，能极大地提高顾客的开心度。如何赞美，在我看来，是导购最需要学习的，重要程度堪比产品知识。遗憾的是，大多数导购并不精通于此。有的导购会赞美一个身高超过一米七的女孩"你好高啊"，殊不知这个女孩可能最讨厌听到的就是关于她身高的评价。有的导购会赞美一个大学男生"你的皮肤好白啊"，殊不知这等于是在变相地说这个男生"不够有男子气概"。有的导购会在不经意间踩遍雷区，凭借自己的积极主动，"赶走"一波又一波目标顾客。

除了准确的赞美，沁人心脾的味道也能让顾客更加开心。这方面有很多书籍、影像资料，用各种方法论证特定的味道能激发人们特定的感情。影片《香水》中有一段台词很有启发性："人们可以在伟大之前、恐惧之前、惊艳之前闭上眼睛，可以不倾听美妙的旋律、动人的言词，却不能逃避味道，因为味道和呼吸同在。"

(4) 清楚示范

第四个标尺是"清楚示范"。当人们被清楚地告知了某事，又看到了示范，很可能会放松。羊群效应的出现，在某种程度上是以清楚示范为前提的，从众者看到明确的"头羊"行为后，能够从焦虑和迷茫中解脱，开始放松、跟随。

零售业早有相关应用案例，比如对于特征比较复杂，一两句话说不清楚的商品，许多商家会提供试用区，让顾客尽情体验，并且会在试用区内安排"辅导员"，为顾客提供商品使用示范。

讲一个实例。对于一些比较小众的项目，弓箭、轮滑、马术等，迪卡侬运动超市不会只是在产品下面放一本产品说明书，或者在产品旁边播一段视频介绍，而是会请专门的辅导员（教练）在特定的试用区给顾客展示各种产品的使用方法。顾客了解商品的用途之后，自然会更愿意选购。

(5) 反复体验

第五个标尺是"反复体验"。"反复体验"和"清楚示范"有连带关系，即通过清楚示范，让顾客愿意反复体验，两者都能让顾客更放松。

所不同的是，有些商品很难体验，只能主要依靠清楚示范，比如马术装备，通过播放宣传片，辅以现场教练的演示，就可以达到让顾客放松、信任的效果。而以跑步鞋为例，单纯的示范是没有办法让顾客感同身受的，一些商家会把跑步机搬进卖场，让顾客在店内试穿心仪的跑鞋——在导购的指导下，顾客可以尝试各种动作和姿势，其真实体验越多，信赖就越多，购买概率自然会提高。

"把玩"商品也是一种体验。允许顾客把商品拿在手里很重要，即便其无法在短时间内充分了解商品特性，也会通过触摸，增强对商品的好感。手机店过去总是摆放一些同尺寸手机模型，了解这一点后，开始摆放真机，大大提高了销售量。

(6) 预知想法

第六个标尺是"预知想法"。在零售业，对于导购而言，很重要的提升业绩的手段之一是展示自己。如果顾客能够提前了解导购的想法、思维模式、行为习惯，那么顾客就能够比较放松地与导购沟通，并且较快地建立起对导购的信任。如果顾客完全不了解导购的想法，且导购的行为让顾客感觉诧异、惊奇，那么顾客会变得紧张、抗拒、审慎。

所以，社区型商场里富有经验的导购会努力和顾客建立邻居般的关系。他们会告诉顾客，自己也住在这个小区里，也有一个差不多大的孩子，也在使用某种产品……建立了这种关系之后，导购说出的每一句话，都会给顾客安全感，顾客切身感觉到自己和导购是一个圈子里的人后，警惕性会小很多。

许多线上销售（微商）也会利用顾客的这种心理，每天对目标顾客说一样的话，在同样的时间沟通，用类似的语气和口吻。久而久之，顾客会觉得自己非常熟悉他们，甚至完全了解他们的想法。在这种"自以为"的了解中，顾客很可能会源源不断地贡献自己的关注和现金。

认知松弛刻度盘用6个维度展示了顾客在什么情况下会紧张、抗拒交易，在什么情况下会放松、信赖导购。这些维度不仅对零售店铺的对外销售有益，对其内部管理和团队行为控制也有积极的借鉴意义。比如，团队培训时，陌生的材料和适度的压抑感会让员工紧张起来，提升员工的专注力并调动其审慎思维，这种专注和审慎对于学习专业知识而言是非常有帮助的。

随着对认知松弛刻度盘的深入了解，我们会发现更多有用的方式方法和行为技巧。需要大家意识到的是，万变不离其宗，这些策略之所以有效，在于它遵循、利用了人们的某种心理动机和心智模式。我们对内在世界的持续了解是获取外界资源的先决条件，唯有如此，才能聚沙成塔，源远流长。

第三章
行为经济学中的成交促成术

在零售业中，成交不是满足简单的需求与供给匹配就可以做到的，常有一些奇妙的"事件"在左右最终的结果。在传统营销学看来，这些"事件"是偶然的、随机的，但在行为经济学的视角中，这些"事件"是必然发生的、有章可循的。

在行为经济学的指导下，我们获得了一个窥探零售场景的新视角，这个视角能够帮助我们了解顾客的真实心理情况和购买动机。以此为基础，我们发现，有些特定的行为会推动顾客完成购买，有些行为则会起反作用，抑制顾客进行购买。

对这些特定行为进行研究和分析，并据此调整店铺经营策略、改善店员工作方法，就有机会实现更持续的业绩增长。

3.1 标价牌的锚定效应

利用标价牌，调动顾客的购物欲望

除了极少数人看到喜欢的东西会在不考虑价格的情况下直接付款，大多数人是在看到商品并衡量了价格与价值的关系之后才做出购买决定的。有些零售店铺喜欢耍小聪明，不在商品上标识价格，希望对商品感兴趣的顾客能主动去找导购询问，认为这样可以提高交易概率。然而，这样做的直接效果只有一个，就是无故增添导购的工作量。导购要在记忆商品知识的同时记忆商品价格，并在顾客听到价格，开始压价时绝望地进行礼节性的周旋。这种画蛇添足的行为毫无必要，顾客需要看到标价牌，这是商品买卖本身不可分割的一部分。

理性的商家行为是根据前期调研预判商品的价格竞争力：物有所值，物超所值,还是定价虚高,并确定标准定价。

如果商品物有所值或者物超所值,作为导购,应该大大方方地第一时间告诉顾客这个信息,让顾客产生购买欲望。如果定价虚高,作为导购,应该一方面积极回答顾客的提问,另一方面及时向公司报告,申请妥当的折扣。注意,这些行为都基于同一个基本假设:顾客和商家的信息是对称的。

事实上,从来不存在这种对称。对于大多数商品的价格,顾客是没有概念、缺乏基本认知的。对于商品的价格,顾客先天地存在一个基本判断(心中的标价牌),这个判断的依据可能是商品旁边的一件配饰的价格、可能是店铺旁边饮料店的奶茶价格,甚至可能是新闻上报道的叙利亚战争的伤亡人数。丹尼尔·卡尼曼研究"锚定效应"时,已经有了明确的结论——不相关的信息会影响人们的后续判断,这种影响看起来没有逻辑,但完全无法避免。

因此,如果商品旁边没有标价牌,顾客很可能会自己找一块标价牌(依据周边的临时信息)。

这对于精明的商家来说是一种彻头彻尾的失控,把顾客对价格建立概念的机会交给不相关的事物,自己却毫无作为。商家应该做的是第一时间主动给顾客送去"标价牌",并让顾客通过"标价牌"感觉到眼前的商品物超所值。

经过我们的反复实验和观察,有3种做法能够实现这一点,下面逐一说明。

(1) 旗舰诱惑

旗舰商品标高价,主打商品标低价,通过价差,促使顾客产生购买冲动。

具体而言,是在当季主打(主推款)的商品旁边陈列一件价格高昂的旗舰商品,并明确标出价格。旗舰商品的作用不是出售并赚取利润,而是一面旗帜,用来拉升顾客对于主打商品乃至店铺的心理价格,这个心理价格越高,顾客对高价格商品的耐受力就越强。有了较高的心理底价后,顾客转过头看到主打商品的标价牌时,会感觉格外惊喜,这种鲜明的价格反差会给顾客一个无法抵挡的信号——这个商品值得购买,物超所值。

(2) 配件冲击

配件标高价，衬托主打商品的低价，带给顾客实惠的感觉。

具体而言，是将与主打商品配套使用的商品摆放在主打商品的旁边，形成对比。这种做法比较普遍，目的之一是方便顾客搭配选购，目的之二是提升客单量。有的商家会选择不为配件标价，或者为配件标一个很低的价格（摆放一个廉价配件），这类商家的思路是，如果主打商品卖不出去，配件卖出去也没有太大价值，不如不卖（不摆放标价牌）。然而，用逆向思维去思考，配件可以，也应该发挥更为重要的作用，比如，价格超过预期的配件，会让主打商品显得很实惠，这虽然可能导致连单率上不去，但销售额会上去。注意，店铺的终极目标是赚钱。

(3) 调价痕迹

过去的标价牌是高价标价牌，当前的标价牌是低价标价牌，通过对比，展示优惠力度。

商品调价是比较普遍的运营手段，处理尾品、断码品、积压品的时候都会用到。在实际商业运作中，调价通常是往下调，很少往上调。往下调价这个举动，其实能营造一个价差的"优质心理空间"，如果不把这个空间展示给顾客，就浪费了这个动作。所以，明智的做法不是在调价时撤掉旧的标价牌，换上新的标价牌，而是先在旧的标价牌上画一道横线表示删除，再在下面写上新的价格。顾客可能一时反应不出价格差别有多大，但一定会感知到这个价格空间，意识到目标商品"便宜了"。

有一点需要注意，绝对不要把正价商品和折扣商品放在同一个货架上，那很容易让顾客觉得：正价商品忘记贴上折扣牌了。

有时候，即便因为种种条件制约，标价牌不能摆在商品旁边，标价牌影响力也是存在的，率先报价的导购就是那个举着标价牌的人。

读小学四年级时，暑假，我和家人去广州旅游。那时候，广州是中国改革开放的前沿阵地，自由市场很繁荣。有一天晚上，我们在一个夜市闲逛，我妈妈看上了街边小店陈列出来的一条裙子，便向坐在门口的店老板询问价格。店老板看了看我妈妈——那个年代，南北差异很大，不用说话就能一眼看出顾客是南方人还是北方人。

"这条裙子2200元，法国产的。"店老板说。

我妈妈吓了一跳，以为自己听错了。在平均月收入400元的年代，一条裙子超过2000元是让人震惊的。

"你说多少？"

"2200元。你的眼光真不错，这件衣服只有一件，上周才进的。"

我妈妈倒吸一口凉气，什么都不再说，扭身要走。

店老板见状，赶紧叫住她："等一下，等一下，可以优惠的！看您挺喜欢这条裙子，也是个有品位的人，2000元，卖给您！"

"2000元也贵。"

我妈妈没有停下脚步的意思，但回了一句话。这句话让店老板看到了继续谈生意的希望。

"2000元也贵吗？那您说一个价，合适就卖给您。"

正在我妈妈开始犹豫，停下脚步并转过头的瞬间，我爸爸走了过来。我爸爸做过几年生意，对这种套路很熟悉，他看了看店老板，佯装愤怒地说："你就没打算卖东西，还谈什么谈？"

然后，我爸爸拽着我妈妈就往店外走。店老板赶紧跟出来，对我爸爸说："大哥等一下，可以谈，可以谈啊。让大姐说一个价，只要不亏得太多，我就卖！你看，现在生意不好做……"

我爸爸看了看我妈妈，暗示她不要报价后，转身对店老板说："你要是真想卖货，就好好报一个价，否则，别耽误我们的时间。"

店老板意识到我爸爸是个懂行的人，也感觉我妈妈是真的想买，于是把我们拉到他身边，小声地报了一个令我妈妈目瞪口呆的价格。听到价格后我妈妈的表情,直到现在我都记忆犹新。

"200元,一口价。"

最后,我妈妈买到了这条裙子,用了95元。

几年之后,有一天,我和妈妈闲聊,说起那条裙子的事儿,问她当时打算给店老板报价多少。我妈妈说,2200元明显太贵了,一问价格就不想买了,当时想报一个500元的价,被店老板赶走了事。我妈妈压根没想过可以用不到100元买到那条裙子,这件事超出了她的认知范畴,让她对商业套路多了许多警惕,或许,更多的是反感。

这种屡见不鲜的套路其实并不神秘,就其本质来讲,是利用了标价牌影响力。报价的店老板圈定价格范围,任顾客在圈里折腾,他都能赚到。只有顾客打破标价牌,不跟他在圈里玩,才有机会公平交易。

位于纽约曼哈顿的一家Chanel(香奈儿,以下使用中文名)旗舰店店面如图3-1所示,有一次,这家店在橱窗里摆了一个小小的标价牌,明码标价。这种行为在奢侈品店不常见,会被认为降低格调,有损品牌形象,但香奈儿执意这么做,大概是深思熟虑后的决定。

图3-1　香奈儿橱窗

那个标价牌用于给一款墨镜标价,1599美元。同期,香奈儿墨镜的平均价格为800美元。高出常规价格一倍的价格让这款墨镜非常出众,每个走近这个橱窗的行人都会注意到这款昂贵的墨镜。

这款墨镜的销量并不好，甚至可以说是非常惨淡，不过，大家应该能猜到，此举让这款墨镜旁边的当季主推款服装的销量比历史同期销量翻了两倍！

了解本章介绍的"标价牌影响力"作用原理后，大家不难明确这款墨镜的作用：它不是用来赚钱的，而是用来做配件冲击的！即用来锚定价格范围，让主打商品显得实惠。这个标价牌的存在让顾客觉得旁边的所有衣服都显得不再那么昂贵了，这种策略似乎很幼稚，但顾客真的很容易"上当"。

3.2 稀缺性在零售中的应用

利用限量销售，激活顾客的购物欲望

一 限量销售的现象和本质

在售卖体育用品和服饰的零售店铺中，主要流水来自鞋子，其次是服装。为了追求成套搭配，让顾客有更好的试用及购买体验，有时候，这类零售店铺会售卖一些袜子和饰品。我曾遇到这样一家店铺，通过售卖袜子，得到了一个有趣的发现。

这家店铺陈列了一批圣诞款运动袜，本意不是盈利，也没有客单量指标，完全是为了营造节日氛围。因为公司商品总量不多，所以分给每家店铺的袜子数量都不多，这家店铺担心还没有到圣诞节袜子就卖光了，特意制定了一个策略：限量销售——每位顾客，限量购买3双。并且，该店铺做了一块牌子，挂在店铺配饰区上方的醒目处。

结果,有意思的事情发生了。根据之前的节日特定商品销售情况,店铺本以为此次会缓慢地卖完这批袜子,然而实际情况是,用了不到两周的时间,袜子就全卖光了。数据分析发现,购买袜子的顾客,几乎人人购买3双——通常情况下,店内买袜子的顾客只会购买1双,而且是在购买了新鞋子的情况下。

那些没有限量购买,也没有制作醒目牌子的店铺,在本次活动中成了鲜明的对照组。那些店铺,在圣诞节过后,平均还剩5%的圣诞节袜子——这才是正常情况下店铺会有的表现。

从商品的角度来说,顾客并没有对这批袜子有特别的喜好,所以不能把这种情况归因为产品优秀。限量销售的店铺提前两周就把袜子销售一空,完全是"限量"策略本身导致的,也就是说,顾客对"限量"这个词非常敏感。

时间性的硬性限量,对于大多数商家来说意义不是很大,毕竟每年的节日是固定的,利用节日做文章,是店铺的常规动作。我们想要探索的,是"限量"这种活动背后消费者的心理波动,以及随之出现的行为特征。

为什么顾客对于"限量"会有强烈的反应呢?这背后的心理动机是什么?让我们继续探索。

限量,源于商品数量不够,或者说,至少是商家在刻意营造商品稀缺的氛围。顾客得到的信息是,如果不买,就没了。

我们回顾一下第二章提过的关于客户分类的图表,见表3-1。

表3-1 购买概率贡献表

分析项	目标明确顾客	目标模糊顾客	无目标顾客
购物意图	95%	20%	5%
人群占比	10%	50%	40%
贡献系数	0.095	0.1	0.02

表3-1中有3类顾客(目标明确顾客、目标模糊顾客、无目标顾客),哪一类顾客对稀缺性最为敏感,哪一类顾客就最容易受到商家"限量"活动的刺激,并

因此实施购买。

我们逐一分析。

先说目标明确顾客。他们非常明确自己的需求，购买只是时间问题与店铺选择问题，不存在需求被调动的情况。也就是说，他们不会因为商品存货的数量多少改变自己的购买决策。

举个例子。目标明确顾客在情人节到来之前购买鲜花，当看到花店"每人限购买10束"的通知后，他们中计划购买3束的人不会多购买7束，计划购买20束的人也不会改变计划，而是会再去其他花店购买。

由此可见，对于目标明确顾客来说，限量与否影响不大。限量活动无法改变目标明确顾客的购买行为，只会给这类顾客营造一种商品稀缺的印象。

和目标明确顾客截然不同的是无目标顾客，即对商品完全没有需求的顾客。我们探讨一下，限量销售是否会对这类顾客的行为产生影响呢？

从零售店铺的实际情况看，这种影响不能说没有，但微乎其微。无目标顾客只会被积极因素刺激，不会被消极因素刺激——商品带来的新体验是积极因素，商品短缺是消极因素。比如，许多超市早上会有各种蔬果的优惠活动，这些蔬果非常稀缺，因为新鲜、量小，而且打折，往往几分钟之内就能卖光，所以临近超市开门的时候，会有很多老奶奶、老爷爷前来排队，与此同时，年轻人从旁边路过时大多无动于衷，因为年轻人在这里是无目标顾客，不会被新鲜蔬果的稀缺性刺激；如果有商场正在进行答题抽奖，中奖可以得到一台全新的智能手机，那么年轻人很容易被这种"中奖"的积极因素刺激，停下来参与活动，与此同时，老年人大多不会感兴趣。

还有一类顾客，即目标模糊顾客，也是我们要分析的顾客群体。目标模糊顾客是限量策略的主要影响人群，影响过程如下。

"限量活动"会加速目标模糊顾客对于商品需求程度的思考，这类顾客看到限购牌，会立即问自己："我需不需要这件商品？时间不多，我必须立刻做出决定。"在没有时间思考的时候，在对安全的本能追求的作用下，人会选择占有或者从众。

追求占有，是"落袋为安"的思维在起作用。在物质稀缺的原始社会，这是人类非常重要的一项本能。在石器时代，男人或女人看到地上有一颗果子，无论果子质量如何，最优策略是先捡进筐里，而不是无动于衷，继续寻找更好的果子。虽然时过境迁，根据当前社会的物质丰盈程度，这属于"毫无必要""盲目慌张""不理性"的行为，但从生物进化的角度看，不这样选择的人，大多在饥荒时期被淘汰。

从众，即放弃自我思考，模仿别人的行为，被羊群效应摆布。这种行为并非一无是处，在混乱的、信息不充分的场景中，"随大流"意味着有更大的生存概率，离群则往往意味着被孤立，甚至被消灭。在动物世界，无论是海洋中正在被海豚追击的鱼群，还是草原上正在被狮子围堵的牛群，都会这样自保。在如今的人类社会中，这种行为得以保留。尤其是当人们步入陌生的场景，信息有限且不被允许长时间思考时，人们会跟随、效仿其他人的行动。商场中经常出现目标模糊顾客跟随目标明确顾客进行购买的情景。

二 限量销售的商家策略

我们接下来展开聊聊目标模糊顾客群体对限量销售的反应，并推介一些针对这个群体可以采用的商家策略。

对于限量销售，有些商家显然没有看到问题的实质。他们认为，限购会激发顾客内心对于机会损失的恐惧，推断顾客会担心自己未来买不到了怎么办，因此，他们的营销决策是加大"药量"，尽情渲染限量本身，拿着大喇叭反复呼喊："只有500件，只有500件，卖完即止……"

经过我们的实地观察，如果卖场中只有一位目标模糊顾客，那么他接收限量购买信息后，选择去购买的动力并不强，他会在"从众心理"的影响下，观望其他顾客的反应，而不是仅听导购单方面的陈述。对于机会损失的恐惧确实存在

（渴望"占有"），这源于人的天性，不过经过多年的市场熏陶，大多数顾客已经有了很强的免疫力，甚至有了很强的逆反心理，觉得商家告诉他们的信息，80%有套路。这时候，商家需要从另一个角度入手去突围。

让稀缺从商家的宣导变成其他顾客的行动结果，限量销售才能产生应有的作用。接下来，我为大家介绍3个利用商品稀缺性进行限量销售的店铺操作方法。

（1）榜样邀约

如果店铺有比较靠谱的、活跃的会员，即真正对店铺的品牌和商品有偏爱，经常光顾店铺、选购新品的会员（而不是那种为了堆积会员数据，通过送赠品送出来的会员），那么，在开始限量销售行动之前，可以分批次、分时段地邀请会员前来参与。

要给予愿意参与的会员更多实惠，但不能让现场的其他顾客感觉不公平。店铺可以给会员赠送额外的积分，使用积分能兑换更多的礼品。这种做法的目的是让限量销售现场始终有"头羊"带领购买，不至于冷场。如果店铺的数据管理能力很强，可以更精细地制定限量时间策略（不同的时间段有不同的活动，每一个时间段都有邀约会员的参与），实现更高的营收。如果店铺完全没有数据积累，也没有可预期的会员响应，最好放弃使用这种方法。

需要注意的是，绝对不要动员导购去拉他们的亲戚、朋友来参与，除非导购真的愿意。否则，行政命令可能会让员工产生强烈的抵触情绪，这种情绪会带来很多不可预期的灾难。

（2）预购排号

开始限量销售之前，可以先调查清楚目标受众对目标产品的喜好程度。这种策略在手机行业已经不新鲜，许多厂商在发售新产品之前，会用这种方式，提前半个月到一个月展开预售，在线统计意向顾客信息。此举既能了解消费者对产品的渴求度，又能有准备地进行第一批货品的物流安排，在正式发售的时候，给顾客最快的交货速度，提升顾客满意度。

在体育用品行业，预购排号也屡见不鲜，甚至有很多人会先像排队买车票那样排队等预购号，再高价转手卖出。对于畅销商品来说，预购排号大家都能理解和接受，那么对于普通商品来说，能否也用预购排号方式销售呢？这取决于商品的格调。如果因为断码而限量销售，并且预购排号，顾客一定会觉得这家店疯了！如果是因为设计师突然获得了灵感，而且商品的成本价值不菲，耗时耗力做出了造价昂贵的稀缺品，那么预购排号无可厚非。即便参与者寥寥、市场反应不佳，也不会贬损品牌价值。

（3）量不泛滥

"限量"中的"量"应该确定为多少，是个大学问。如果量太大，会失去稀缺的紧迫感，久而久之，反复上演"狼来了"的故事，商家信誉会受损；如果量太小，则如铁公鸡拔毛，不仅会给顾客不好的观感，还可能因为销量过低，造成营收不足。

根据测算，理想的"量"是顾客平均购买的量添加约20%。比如某社区旁边的一家便利店准备做促销，根据统计，啤酒的销量是平均每人每次购买5瓶，那么，想要提升啤酒的销量，可以规定"限量销售，每人每次最多购买6瓶"。执行之后，大多数原先购买5瓶的顾客会选择购买6瓶，整体销量会有一个显著的提升。如果限量销售额提升为每人每次最多购买10瓶，甚至20瓶，那么大多数顾客看到限量销售规定时，很可能会不为所动。

总体而言，限量销售是一个很好的促销策略。随着商家不断积累经验，辅以数据分析，限量销售可以持续、稳定地提升店铺的业绩表现。

作为零售从业者，不仅需要了解操作方法，还需要深挖原理。方法是基于现实的，而现实是不停变换的，也许在我出版这本书几年后，上文案例中的许多案例经验、数据比例会失去实际参考价值，对于"稀缺性"的渴望、对于"得不到"的焦虑，也无时无刻不在顾客的血液中流动。找到行为原理，不断更新符合该原理的零售策略和技巧，才能让促销永远有力，永不过时。

3.3 利用双系统，开辟双通道

导流与卖货并行，系统提升业绩

2020年，为应对不断变化的市场环境，很多传统的零售公司进行转型，从仅发展线下销售拓展到线下、线上销售同步发力。经过几个月的探索，各行各业勇于创新的公司逐渐找到了适合自己的线上商业模式。我选择了几家有代表性的零售公司，对他们的线上销售模式进行了研究和对比，发现了一个有趣的现象：这些线上销售做得比较成功的公司，无论选择的线上平台是什么，商业逻辑是一致的，用形象一点的比喻来说，是"两手抓，一手说服，一手购买"。

具体来说，这些零售公司都会选择一个直播平台发力，其作用不是卖货，而是导流。通过主持人（网红主播）自身的吸引力，或者通过不断地抽奖、送礼，吸引人们来观看。聚集一定的流量之后，将潜在消费者推荐到另外一个销售平台上，比如京东、淘宝等，实现最终交易。

为什么要用这种模式呢？可不可以合二为一，把导流通道和卖货通道打通呢？在技术上完全没问题，也有许多商家尝试过，但最后大多无限趋近电视购物模式，以至于策划者都不堪忍受，觉得这种"非常廉价"的感觉和当初的设想南辕北辙。

究其原因，线上的导流和卖货需要的是两种完全不同，甚至有些矛盾的商业氛围。导流需要激发顾客猎奇、被教育、超脱现实的情感体验，在这些体验中，顾客会逐渐提高对产品的兴趣并产生购买欲望。卖货则需要尊重顾客"求懒"的天性，提供最方便、最直接、最省力的购买方式，最好能让顾客一键下单。顾客购买行动的阻力越小，购买的可能性越大。

在继续探讨线上导流和线上卖货之前，我们先了解一下AIDA模型，这是我们接下来要讲的双通道营销的理论基础。

AIDA模型在商业管理领域已经有许多年的实践历史，做过市场、广告类工作的读者应该非常熟悉。AIDA模型展示的是消费者从接触外界广告信息到完成购买的一系列行为，根据消费者反应程度的不同，可以划分为4个阶段，分别是注意（attention）、兴趣（interest）、欲望（desire）、行动（action）。

在AIDA模型中，每个阶段的实现是下个阶段开始的基础。也就是说，顾客首先会注意到商品，然后产生兴趣，进而产生对商品的购买欲望，最后展开行动，掏钱购买，这个过程如图3-2所示。

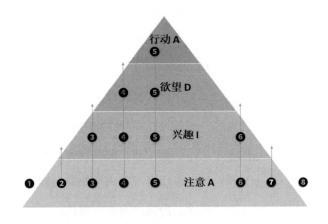

图3-2　AIDA过滤图

通过观察图3-2可以发现，注意A区域是非常宽的，越往上走，区域越窄，行动A区域是三角的顶端，最窄的区域。这意味着，许多的注意对应着很少的行动。

我们在图3-2中画出了一些小球，以便更形象地说明问题。

图3-2中最下层的8个小球，代表8种不同的商品。实际生活中，店铺里可能会陈列80种甚至800种商品，但它们大多数不在单个目标顾客的三角区域内，和该顾客没有任何关系。可能某顾客走进店铺，能够注意到的只是最下层的6个小

球，也就是6个商品。顾客注意到某个商品，有可能是巧妙的陈列或导购引导的结果，也有可能是随机发生的（眼缘）。如果店铺对于"顾客对注意到的商品产生进一步的兴趣"没有把握，那么刻意引导是没有必要的，不如让顾客自己随机、随缘地去发现目标商品。

在顾客经过了浅层思考，或者根据直觉喜好做出排除后，发现自己对小球②和小球⑦代表的商品没有兴趣，于是小球②和小球⑦代表的商品被淘汰，剩下小球③、小球④、小球⑤、小球⑥代表的4个商品到达兴趣层。

兴趣是很难通过外在刺激激发的，外界能做的，只是唤醒顾客深埋内心的兴趣，让顾客意识到："是的，我对这个东西一直有兴趣，只是最近忘记了。"

在零售业，那个营销领域（营销理论课堂）著名的课题"把梳子卖给和尚"是鲜有实用价值的，有那么多时间琢磨如何让和尚买梳子这一问题，不如用同样的时间找到更多真心需要梳子的人，这才是正道。

有了兴趣，未必有购买的欲望。如图3-2所示，小球③和小球⑥代表的商品没有能够到达欲望层，只有小球④和小球⑤代表的商品到达了欲望层。举个通俗的例子，我对战斗机一直有兴趣，买过好几本介绍世界各国战斗机的书，如果在商店里看到战斗机模型，我一定会停下来拍照，但我没有购买的欲望。从兴趣到欲望，有一条很重要的分界线！如果说注意层和兴趣层只需要感性介入，那么欲望层开始有理性发挥作用，而且理性会扮演决策者的角色。只有人们经过理性分析和评估，认为目前资源足够充足，有能力（机会）获取，并且可以承受购买后的负面效果（比如被身边人指责"乱买东西"等），才会释放欲望。只不过，往往出乎"自以为是的理性"的预料，到了更高层级，欲望很可能背叛自己，选择让感性来做最后的决策。

关于欲望是如何背叛理性、选择感性的，我们后面再说。现在，我们回到图文说明环节。在图3-2中可以看到，欲望层的两个小球，只有一个会到达行动层，也就是说，让顾客有购买欲望的商品，未必会被顾客最终购买。决定顾客选择小球④代表的商品，而不是小球⑤代表的商品的因素很多，在这些因素相持不下的时候,顾客很可能会因为有选择困难症而选择"什么都不买"。对于商家来说,这是最糟糕的情况,但这种情况每天都在店铺里发生。发生这种情况的根本原因,是商家没有做好自己责任范围内的最后一个动作:推动。商家有责任在顾客举棋不定的时候给予一个助力,让顾客轻松、自然地购买,不需要进行更多的努力和挣扎。这其中有一些技巧性的东西。行为经济学家理查德·泰勒有一本著作叫《助推》,对这些技巧和其在不同行业的应用进行了详细且充实的说明。

理解了AIDA模型,我们能更轻松地理解线上双通道营销的原理,因为双通道的逻辑与AIDA模型密切相关——顾客从注意到一件商品,到最终购买商品,其内在的行动过程是一样的,都是逐步展开、由浅入深的。

在线下,这个过程是一气呵成的。在线上,因为"注意力带宽"的局限[1],会出现两条实际并行,但看似独立的通道,一条叫"卖货通道",以顾客行动为核心,顾客注意为辅助;另一条叫"导流通道",以顾客注意为核心,顾客行动为辅助。我们对原模型进行重新标识(忽略小球序号,仅做指示),如图3-3所示。

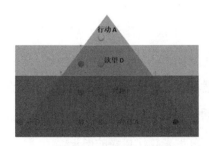
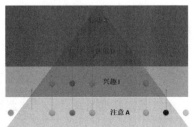

卖货通道——强行动,弱注意　　导流通道——强注意,弱行动

图3-3　双通道AIDA图

顾客在真实的线上购物过程中,会遇到但不会区分两条通道。作为商家,需要解构两条通道,并根据通道特性的不同,制定不同的策略。线上店铺能否持续成交、贡献业绩,取决于"双通道"的匹配性。

---

[1] 线下购物环境可以调动顾客的全部感官,眼、耳、鼻、手并用,共同影响进店体验;线上购物环境则只能调动顾客的一部分感官,部分视觉、部分听觉、没有嗅觉、没有触觉,故称之为"注意力带宽"的局限,或者"带宽受限"。

通过对AIDA模型进行重新标识和二次建模，我们生成了如图3-4所示的"双通道模型"。生成该模型的目的是更清晰地描绘顾客对两条通道的不同需求，以及商家根据顾客需求制定策略的关键点。

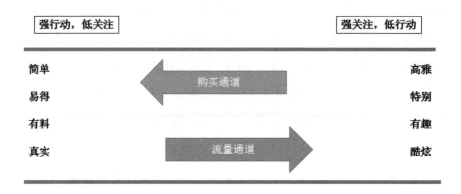

图3-4　双通道模型

在图3-4中，我们可以看到，左边是"强行动，低关注"，即在购买通道将会到达的地方，能够提供简单、易得、有料、真实这4种感觉的环境更有助于推动顾客的最终购买。与之相对，右边是"强关注，低行动"，即在流量通道将会到达的地方，能够提供高雅、特别、有趣、酷炫这4种感觉的环境更有助于推动顾客保持关注与协助进行正向口碑扩散。

我们看到，左边和右边有些彼此矛盾的特征，商家在其中游走，难免顾此失彼。这是在线零售最难的地方，但与此同时，最有价值的地方也是这里，如果可以实现左右协调、整合，在线销售会为商家带来几何量级的增长。

如果不能达到完美平衡，商家需要同时拥有妥善经营两条通道的不同意识。

在流量通道，需要做的是"不卖货"——尽情营造高级感，让顾客直呼"无法触及"；在购买通道，需要做的则是"不作秀"——直接给实惠，给下单按钮，让顾客直呼"方便至极"。

还有几个必须关注的问题：两条通道的连接点在哪里？直播平台等流量通道如何往销售平台等购买通道上引流？购买通道中的客源如何共享至流量通道，获得持续关注?

图3-4所示的模型把购买通道和流量通道分成了泾渭分明的两条通道,但在现实中,通道不是割裂的,"特殊情况"下甚至可以随时互相穿行。所谓"特殊情况",可以举例如下。

流量通道中的顾客被商品或主播打动,疯狂点赞,想要更多的商品信息和促销信息时;

直播抽奖结束,拿到奖品的观众兴致盎然,想得到更多奖品、更多好处时;

购买链接上方的广告栏空缺,市场部上了一个引导图,提醒顾客可以关注"赠品极多的直播间"时;

购买后,客服为顾客提供售后服务,介绍商品功能并"随口告诉"顾客主播的本周线上活动时间与内容时;

物流包装袋外表空白,刚好可以印一个直播二维码时;

……

沿着这个思路推演,类似的方式方法还有很多。如果能够激活团队创意,头脑风暴后应该有成百上千条。

发挥这种策略、创意的优势的前提是商家清醒地意识到顾客网购时所遵循的规律是"双通道"而不是"单通道",需要打破传统的线下营销思维和销售套路。

本质上,我们需要学习、了解的是双通道背后蕴含的行为经济学原理。掌握了这些原理,才能在时代的交替、技术的革新过程中,不断地让店铺焕发新的活力。也许未来,"双通道"会变成"多通道",甚至"全通道",让商家的线上营销活动更加无往不利。

3.4 互惠原理在线上社群中的应用
线上经营的活跃度提升策略

3.3节谈到，不同的在线渠道有不同的功能，本节我们继续深入探讨如何在流量通道中提升活跃度、保持热度。

随着越来越多的商家意识到线上顾客黏性的重要性，线上社群的建立和维护日益成为摆在商家眼前的重要工作之一。能否建立起线上社群、维护好线上社群，是线上营销能否持续发力、持续成长的关键。和3.3节一样，对于使用什么社群载体最好，本书不做详细探讨，因为目前商业环境更新的速度很快，当读者看到这本书的时候，有可能写作此书时风靡的平台已经被淘汰了。本书主要讨论的是，依托什么行为经济学原理维护线上社群，能够最大程度地触动潜在顾客，让他们愿意在社群内聊天、贡献活跃度。

2006年，中国人民大学出版社出版了一本叫作《影响力》的奇书，一度风靡营销界、管理界，时至今日，很多人再次翻阅这本书时，还是会被其中的很多观点震惊。虽然那个时候，那些现象还没有被归入行为经济学范畴，但那些基于人类普遍的思维方式、行为模式出现的现象，在历史上反复出现，无论在当今世界，还是在可以预见的未来，都会产生无穷的影响力。对零售从业者来说，意识到其中原理的人，将能够利用原理，获得利益；没有意识到其中原理的人，则可能会成为别人的利益来源。

《影响力》中提到了"互惠原理"，书中用很多例子证明了该原理的有效性和普遍性。在本章讨论线上社群营销话题时，该原理是讨论的基石。

"互惠原理"可简单阐述如下。

当一个人施加恩惠于你的时候，你会内心不安，觉得亏欠了对方，甚至感觉自己"矮了那个人一头",直到你找到一种方式,将同等的恩惠返还,才重新回到了和那个人平等相处的位置。

这个原理的本质在于,没有人喜欢"欠别人"的感觉。"亏欠"的感觉会在无形中让自己处于道德洼地,让对方处于道德高地,甚至让自己成为群体中的"累赘",让对方处于群体中的"领袖位置"。在理智上,我们当然不会这样认为,更不会这样思考,但在情绪深处,我们会自然而然地在道德层面选择遵从"绝不亏欠"这一行为准则。

因此,无论古今中外,在有条件的情况下,大多数人喜欢当施舍者,不愿意当被施舍者。明白了这个道理,我们维护线上社群的时候,能想出很多好点子。

"发红包"是人们常用的套路之一。无论是在商业机构群组中,还是在个人群组中,时不时地发一些红包,都会提高群里的人气。不过,在商业机构群组中发红包很容易遇到以下问题。

第一,红包不能定点发送,都是"手慢无",即批量发放,先到先得,后面看到的很可能什么都没有。如此一来,在群组里,能抢到红包的可能总是那些频繁使用手机的人,抢不到的是大多数,这样时间一长,大多数人会觉得群内红包和自己无关,也就不会在意并给予关注了。第二,红包的金额很难把握,少了没有刺激作用,大家甚至会觉得群主小气;多了成本难控,分摊后每个人也得不到多少。

所以,直接发现金红包的方式,对于商业机构群组来说,并不一定是有效的维护线上社群方式。把红包换成其他东西,可能更有意思。

小礼品是红包转换物之一。巧妙的礼品设置不但能够让社群充满黏性和爱意,还有助于社群不断衍生。注意,小礼品的作用在于激活"互惠",应该尽可能让社群内的每个人都得到。得到小礼品的群友,即便不会立刻购买(或者推荐)相关产品,通常也不好意思迅速退群。只要人在群里,流量就在群里、机会就在群里。

赠送小礼品时,部分零售经理需要调整观念。不要认为小礼品是商品的赠品，故意控制小礼品的赠送，甚至要求拿到小礼品的人明确表达购买意图（我发现，许多刚开始做线上社群的传统零售经理很容易犯这种错误）。小礼品就像直邮，是用来传递信息的，或者说，是用来铺路的。群友拿到了礼品，你们之间的关系才算建立。

多少金额的小礼品合适呢？这个没有定论，取决于社群的黏性和商品的价值。如果商家卖的是3元／瓶的饮料，那么用100元／瓶的红酒当礼品显然是在开玩笑；如果商家卖的是游艇，那么用100元／瓶的红酒做礼品还略显小气。金额不是最重要的，重要的是所选小礼品和商家售卖的商品的调性是否一致。最好的小礼品是周边配件，或者是可以同框的饰品——既能让群友感受到受恩惠，又能诱发群友对商品的兴趣和拥有欲望。把马鞍送出去了，马还愁卖吗？

设计并组织小游戏也是许多商家经营线上社群常用的一种手段。好的小游戏，确实能够提升社群活跃度，比如成语接龙、猜字谜等，都能让社群热闹起来。不过，这种操作很考验社群管理者的组织能力与协调能力，或者，更准确地说，很能说明商家看待社群的态度。如果商家把社群管理工作分派给一名刚入职的新员工，即便这名新员工有很强的工作意愿，想让社群保持持久的活跃也不太现实。因为这种分派从态度上表明了商家对线上社群的重视程度。这种心态之下，当商家有任何突发事务出现，零售经理或店长大概率会对那名新员工说："先暂停社群日常活动，把这件事做一做，这件事更重要。"

通过设计并组织小游戏来提升社群活跃度的策略，被许多商家证明是有效的，不过是需要日常维护、不能轻易中断的。如果社群小游戏毫无征兆地戛然而止，会让顾客觉得商家遇到了什么不好的事。执行过程中突然中止，不如一开始就不执行。

还有一件事，在许多商业机构群组设计并组织小游戏时会被忽略，那就是社群游戏的本质——让顾客尝到甜头。只有让顾客尝到了甜头，互惠原理才能发挥作用，顾客才会自发觉得有必要买点什么。给顾客甜头的方法有很多，通过游戏获得积分，使用积分兑换礼品是一种；通过游戏获得积分，使用积分直接兑换购物券也是一种。方法有很多,根据商家的具体情况,需要具体设计。重要的是,玩游戏不是目的,通过玩游戏活跃社群才是目的。

还有一种常用的线上社群经营手段——产品日常答疑解惑。和设计并组织小游戏一样,这是非常了解产品、了解公司全貌的资深员工才能胜任的工作。线上社区就像综合客服平台,应该能帮助顾客解决使用产品过程中的各种问题,提高顾客的满意度。有时候,这种答疑解惑本身就是难度较高的服务之一,因为答疑者要有非同寻常的本领,要么对产品知识了解透彻,要么风趣幽默,能带给顾客快乐。总之,需要商家安排独具特色的线上客服人员,解决顾客通过不断被转接的客服电话无法解决的问题。与之类似,只要我们对不同的同学群、游戏群加以观察,就会发现一个现象——那些拥有"意见领袖""话题制造者""问题提出者"的社群活跃度更高,组织线下活动时大家也会更积极,而那些没有特定"人物"带动话题或者提出问题的社群大多会日渐沉沦,被人们遗忘,直至彻底荒废。

在固定的时间安排特定的"主持人"进行社群答疑是比较好的线上社群经营方式。一方面,这会培养顾客的线上黏性(行为惯性),到了时间就上线,不上线浑身不自在;另一方面,这会让答疑活动比较丰富,让顾客体验到不同的乐趣。

读到这里,读者应该明白了,线上社群属于双通道中的流量通道,虽然它没有直播平台的强即时和强活跃特点,但对于流量的留存和稳定是非常有效的。既然是流量通道,就会有"强关注,低行动"的特征,有格调的、特别的、有意思的线上体验,会对社群发展有更大的帮助。

因此,在准备社群礼品、游戏、答疑的时候,要注重格调,绝对不能低俗,更不能赤裸裸地卖货。明确功能和定位,社群才会逐渐壮大,成为线上营销的强大助力。

3.5 试衣间里的秘密
试穿效应的商业价值及提升之道

一 试衣间的普遍现状

回忆一下，你所使用过的大多数服装零售店里的试衣间是什么样的？你大概不会有很深刻的印象，努力回忆时会有一些简单的印象：不到2平方米的白色空间，多数用亚克力板子围着，里面会有一个简陋的凳子，一个或两个衣服挂钩，一个有插销的塑料门，还有一双脏兮兮的、你永远不会想穿的无后跟皮鞋。在一些面积有限的服装店里，可能连亚克力板子都没有，只有两片摇摇晃晃、四面透风、毫无隐私可言的布帘子。

追问一个问题，你明确地知道Zara的试衣间和H&M的试衣间（或者你熟悉的任何其他品牌的试衣间）的区别吗？恐怕大多数人不知道。甚至当你在其中一家品牌店的试衣间中时，不看手里拿着的衣服的吊牌上的Logo，会忘记自己身处什么店。

我曾经问过不下20位零售经理或店长："为什么店铺内的试衣间那么简陋？"他们的回答惊人的一致，不是告诉我某种特定的、凝结行业经验和智慧的原因，而是规定动作般的一头雾水："这个嘛，没想过啊，这个要问市场部吧？"

这说明，不是店铺将做得好的经验延续了下来，而是许多人从未想过这个问题。没想过这个问题，并不是因为这个问题不重要，而是惯性地、无脑地延续着传统（这在零售业非常普遍）。

这引起了我的好奇，为什么试衣间是店铺中最简陋的地方？即便是那些装修华丽、格调高雅的品牌旗舰店也是如此？于是我找到一位市场部同事聊天，询问他对于这个问题的看法。

那位同事说，店铺布局规划遵循着"行业标准"。最开始，这个行业是垄断的，由一些来自中国香港的店铺规划师负责布局设计。后来，许多学校兴办了这个专业，不少业内老师傅也开始带徒弟，让更多人进入了这个行业。虽然从业人数多了，但他们的思路和方法基本是一样的，大多是从店铺动线规划开始，延伸到橱窗区、畅销品堆头区、点挂区、侧挂区、断码促销区、仓库区布局，最后才是试衣间设计。

我问那位同事，为什么最后才设计试衣间？同事很奇怪地看着我，似乎觉得我问这个问题有些不可思议。想了很久，他才不确定地回答："因为试衣间最小吧？"

那一刻，我觉得，关于试衣间的问题，我大概永远无法从业内资深人士那里得到我想要的答案了。我甚至开始反思，自己对于试衣间是否太过于执着？也许试衣间本该如此，其中并无零售"金矿"。

此事就这样耽搁了，直到我偶然间看到了一本帕科·昂德希尔的畅销书——《顾客为什么购买》，其中的一些对顾客试穿服装的心理研究，让我对试衣间设计重新燃起兴趣。

书中提到，昂德希尔进行过一个关于男女试衣后购买意愿的调查。调查结果显示，65%的男性顾客会在试穿衣服后购买，与此同时，只有25%的女性顾客会在试穿衣服后购买。而根据服装类零售店的总体销售数据，80%的销售数据是女性顾客贡献的。

这引出了我的两个不同方向的思考。

思考一：为什么我们的"金主"——贡献80%销售数据的女性顾客，试穿之后的购买率反而较低？

思考二：我们是不是应该换一换"金主"，主要针对男性顾客开发产品？毕竟只要让他们试穿，他们就很可能购买。

经过分析和冷静琢磨，我意识到，第二个思考方向是在逃避问题，毕竟劝说内衣店、裙装店开发男性产品是一种冒着傻气的挑战。第一个思考方向才是值得探究和继续琢磨的。于是，我聚焦于这个核心思考方向：试穿之后不买的原因有哪些？

选择现场蹲点调查的方式后，我尝试在试衣间门口拦截刚走出来的顾客（所选择的顾客80%是女性顾客），询问："您会购买刚才您试穿的衣服吗？"选择不购买的顾客的回答主要如下。

"展示时好看，穿上身效果一般。"

"很难和其他衣服搭配。"

"说不上来，想再试试别的（衣服）。"

"感觉穿着不太舒服。"

"尺寸不太合适。"

"哈哈，根本穿不上。"

……

其中，第一个回答所占比例超过30%，第二个回答所占比例超过20%。也就是说，女性顾客在试穿后，半数以上的人没有购买的原因是觉得衣服上身的效果不如挂在货架上的效果那么好！要知道，这种看法是不符合逻辑的，因为一个人会选择一件衣服去试穿，说明这个人已经看上了这件衣服，具备了购买这件衣服的动机，只不过，这种动机被某种东西遏制了！

这种遏制购买动机的东西是什么？我与许多顾客深入交谈后了解到，很可能是试衣间的糟糕环境。

二　试衣间的购买困境

行为经济学中有一个原理——某个人和某件事物相处的时间越长，这个人对这件事物的依赖感越深。注意，这里说的是依赖感，不是好感。好感可能会随着了解的深入而下降，依赖感却不会，依赖感会随着相处时间的增加而逐渐加深。比如斗嘴斗了一辈子的夫妻，我姑姑经常对我姑父说的一句话是："看到你都不烦别人了！"他们对彼此的好感估计连结婚时的零头都不到，但对彼此的依赖感与日俱增。

在零售业，这个原理的作用表现得更加淋漓尽致。一些卖家电的商家，甚至会把一些电器送到潜在顾客家里，让潜在顾客免费试用一段时间再决定是否购买。这样做的结果是，不但很少有潜在顾客会退回商品，甚至这些潜在顾客所需要的第二件、第三件电器都会继续在这家店购买，成为忠实的长期顾客。尽可能地延长顾客与商品接触的时间，是成交的关键。

但当前大多数服装类商家的试衣间，遵循的逻辑是与之相对的。导购们恨不得试衣间变成一个热锅，顾客进去后两秒钟就穿好衣服，关门离开，以便下一位顾客试衣。顾客在那样简陋、封闭的试衣间里，行为确实与导购们的期望一致！即便是没有幽闭恐惧症的人，也不愿意在那么狭小、局促、脏兮兮的环境中久留。在这种急于离开的心态下试衣，怎么会感觉美好，并把这种美好的心情投射到新衣服上呢？大多数情况，试衣间在极力赶走顾客。

有导购说，顾客在试衣间里试衣服时，如果里面没有镜子，他们的速度会快一些。他们只是在试衣间里穿上衣服，然后立刻走到外面，用店铺柱子上悬挂的镜子看效果。这是一个很有意思的观察，但如果导购记录一下更细致的数据，会发现几种更有意思的场景在反复出现。

场景1：独自逛街的女性顾客，在试衣间里换完衣服，走出来照镜子时，试衣间里大概率会有1件她试穿过，但感觉不好后换下来的衣服。这件衣服没有机会跟着她走到镜子前，它在试衣间里就已经被淘汰了。但实际上，这件被换下来的衣服上身效果还不错，完全有机会被这个女性顾客购买。

场景2：有同伴的女性顾客，在试衣间里换完衣服，会在走出来照镜子的同时询问同伴的意见。这时候，试衣间里平均会有2件试穿过后换下来的衣服。这个女性顾客很可能已经在试衣间里对比了很长时间，才从3件衣服中选择了1件最有信心的，穿出去让同伴品评。

场景3：独自逛街的男性顾客，在试衣间里换完衣服，觉得还不错，很想直接去收银台购买，但感觉程序上少做了什么，于是溜达到外面，找一面镜子，欣赏一下今天刚刮完胡子的那张俊俏的脸后，迅速回到试衣间，换上自己的衣服，折叠好试穿的衣服，拿到收银台付款。

场景4：有男性同伴的男性顾客，在试衣间里换完衣服，因为怕同伴等着急，尺寸合适的大概率会直接决定购买，尺寸不太合适的往往会走出来让同伴看看。男性同伴看了一眼，若习惯性地说一声"不错哦"，尺寸不合适的问题很可能会立刻被这个男性顾客抛在脑后。直到将衣服买回家几天后，要穿的时候，这个男性顾客才会意识到："哎呀，真的不合适，穿上好难受。算了，先放进衣柜，等以后瘦点／胖点再穿吧。"

场景5：有女性同伴的男性顾客，在试衣间里换完衣服，大概率会急匆匆地跑出来给女性同伴看，并展开一场小型辩论会，比如，女性同伴说："看着有点怪怪的。"男性顾客说："我觉得还好啊！"女性同伴说："是不是有点大？"男性顾客说："不大啊，稍微大点舒服！"女性同伴说："换下来吧，再看看。"男性顾客依依不舍地走向试衣间……

以上场景，后3个场景与前文导购的观察结论一致，不过这些男性顾客的销售数据贡献普遍较低，对生意本身的影响太小。起决定作用的是场景1和场景2，即女性顾客购买的场景。研究这两个场景，大家会发现，其实即便试衣间内没有镜子，大多数女性顾客也已然做了至少一轮的服装遴选了，在这轮遴选过程中，环境简陋很可能会让顾客错过很多合适的衣服。

因此，好的试衣间环境会极大地提升女性顾客的心情，从而增加她们的购买信心；坏的试衣间环境则会导致她们的心情恶化，从而降低她们对于新衣服的评价。

三 试衣间的致胜关键

经过对大量顾客进行购买后调研，我和同事总结出了顾客心目中"美好试衣间"的4个特点。现在一起来看一看，能够提高销售业绩、促使顾客购买的试衣间应该是什么样子的。

（1）让顾客不反感、不逃离

干净和整洁很重要，至少，试衣间内的干净程度不低于店铺，否则，强烈的反差会阻止顾客第二次去试衣间。对于女性顾客来说，这种反差的影响力更大。此外，每一位顾客换完衣服，导购都要及时去整理，把各种设施恢复原位，要让每一位刚进试衣间的顾客感觉到"我是第一位使用这间试衣间的人"。如果顾客有这种感觉，对手里拿着的衣物会有更强的责任感，购买的概率会提高不少。绝对不能让前一位顾客试穿过的衣物留在试衣间的板凳上，这会营造一种商品被嫌弃的感觉，不仅会妨碍顾客后续试衣，也会降低顾客对于品牌的好感、贬损服装的品牌价值。

（2）让顾客更从容、更放松

如果可以，尽量让试衣间的面积大一些，并配上一面镜子。最好能够让顾客在试衣的同时，可以走两步，在试衣间内的镜子中看到自己，做出各种"奇怪"的表情和动作取悦自己。这种宽松、舒适的空间，会让顾客愿意停留更长时间，与商品建立更深厚的情谊。如前文所述，有些店长认为顾客在试衣间里待的时间过长会降低店铺整体的试衣效率，让其他顾客久等，顾客就应该拿了衣服赶紧试，试完衣服赶紧买，买完衣服赶紧走。这种意识，显然还停留在数十年前的商品紧缺时代。如果店铺做一个高峰时段使用试衣间的排队情况分析，大概率会发现，通常情况下，试衣后被放弃的衣服远多于等候试衣时顾客手里拿着的衣服，并且排长队等候的现象并不经常出现，除非是店铺正在"吐血大甩卖"。综上所述，在思考并分析现实情况后，店长们应该会接受本篇的论断：与其装10个简陋的格挡试衣间，不如装5个有趣的强设计感试衣间。

(3) 让顾客更方便、更顺手

在顾客试穿一件沙滩衬衫的时候，有什么比一个墨镜更能为衣服增色呢？墨镜会让普通的沙滩衬衫变得氛围感十足。那么，为什么不在试衣间里放一个墨镜呢？如果店内有墨镜这种商品，把标价牌放到上面，即可让顾客明确这件商品的在售状态；如果店内没有墨镜这种商品，用一个小壁筐装着墨镜，壁筐外贴上"搭配用品，请勿带走"即可。只要巧妙摆放，试衣间可以成为高产的"店中店"。其原理在于，在试衣间这个私密的空间里，内向的人也可能表现得很外向。尝试更多的可能性吧，只要给顾客提供更多的便利，他们就会贡献更多的"顺手购买"。

(4) 让顾客更勇敢、更有激情

一句振奋人心的标语，往往有出其不意的效果，这种效果，在电影、电视剧、广告中频繁出现，在点燃我们的激情的同时，也会给乏味的生活平添一些兴奋点。比如，欧莱雅的那句广告语"你值得拥有"，让无数女性顾客为之振奋，义无反顾地掏出钱包，试图拥有"更美好的生活"。在试衣间布置方面，我们完全可以效仿，比如在挂衣服的地方贴"是什么让你与众不同？"等标语，或者在试衣间的门上贴"从这里走出去的，会是一个全新的你"等标语，甚至可以频繁更换，让顾客每一次来店里购物试衣，都能拥有不同的"敲黑板"体验（注意力被唤起的体验）。

前文提过，人是充满惰性的，在做出购买决定的时候，越是感性的人，越需要更多的刺激。这可以解释为什么"外部推动"对于女性顾客会有比对于男性顾客更大的效果——女性顾客普通更感性。试衣间这个地方，就是强有力的"外部推动"源头，其对于消除惰性、增添新鲜感和激情有着巨大的作用。对于店铺销售来说，这很可能是长跑到最后的冲刺。

对于服装类店铺经营者来说，确实需要重新审视试衣间的作用。沉迷于过往经验并不是赢得未来的好方法，反而很可能被时代无情地淘汰。别人没有想到的、没有启动的，不一定是不可行的，大胆尝试，这很有可能是你弯道超车的契机。好好想一想服装类店铺可以围绕试衣间做点什么，这可能会是业绩爆炸的"法宝"。

3.6 店铺陈列的神奇之处
让商品更好卖的秘密

小魏是一名店铺陈列员，经验丰富，审美水平很高。每周末去美术馆看展览是小魏的生活必需，她常挂在嘴边的一句话是："饭可以不吃，餐具必须漂亮；水可以不喝，水杯必须优雅。"经小魏调整过的陈列，内行看见啧啧称奇，外行看见顿觉赏心悦目，通常会成为周边店铺的效仿对象、公司展示的经典案例。小魏工作得很开心，但心底有一个常年挥之不去的疑虑——数据分析显示，核心位置的商品通常不是销量最高的商品，常年如此，没有理论可以解释。

店长宽慰小魏："这很正常，核心位置主要用来展示当季新品、潮品，那里的商品是用来提升店铺形象的，本来的功能和角色就不是'大卖'。你调整的陈列真的很棒，对店铺的帮助很大……"但这无法抹去小魏心头的疑虑，尤其是在她刚刚学习了一门陈列课程——"陈列是不开口的导购"之后。

小魏觉得，是时候拓展自己的知识边界了。她思考了许多天，得出结论，或许是自己遇到了发展瓶颈，触碰了自己不曾了解，也没有有意识地去了解的"暗知识"领域。在公司资深顾问的建议下，小魏开始研读消费者心理学方面的书籍，从这些书中，她找到了有关陈列的不同视角。

认知心理学家近些年研究发现，人们从一个视觉任务转移到另一个视觉任务时，需要付出努力，在时间紧迫的情况下尤其如此。同时需要浏览很多商品，这是违反"消费者都是懒惰的"这个行为经济学基本原理的。在不改变本性的情况下，为了尽快完成"浏览任务"，消费者往往会选择跳跃式关注，比如导购在一面墙上陈列了30个SKU（单一款式、颜色和尺码的单一商品），顾客只会关注到其中的3~5个。

那么，这3~5个被选择看到的SKU，是如何被选出来的呢？这依从两个最重要的视觉识别原理，第一个可以被称为熟人原理，第二个是对比原理。下面我们来逐一讨论。

（1）熟人原理

"熟人原理"属于自创概念，需要在这里给一个定义。所谓熟人原理，即我们的注意力会天然地指引我们注意熟悉的事物，漏掉陌生的事物。

比如，小明参加同学聚会，因为交通堵塞晚到了一会儿。小明到达现场时，已经有很多同学在那里了，他们冲小明微笑，说了好多寒暄的话，小明自然是满脸笑意，点头打招呼。寒暄后，小明被同学聚会召集人，即读书时的班长请进大厅内，在一个座位上就座。几分钟后，小明突然想去洗手间，在洗手间里，小明接到了一个尚未到场的同学打来的电话，问他已经到场的同学有谁。小明努力回忆刚才见到的那群人，说出了几个上学时关系好、熟悉的人的名字。等小明走出洗手间，回到大厅，再次观察人群时突然发现，那些当年不太亲密的同学也已经悉数到场，只是最初寒暄时完全没有注意到。

这就是典型的"熟人原理"在起作用。

对于店铺陈列来说，顾客的注意力同样会迅速被熟悉的东西吸引，即使熟悉的东西未必在最显眼的位置。

举个实际生活中的例子，如图3-5所示。

图3-5 门店陈列示意图

在图3-5中可以看到,门店入口的必经之路上放置了一个小型中岛,挂着当季主推款服装。当季主推款服装更容易被看到吗?实践证明,人来人往时,大家很少注意到这些主推款服装,仿佛这只是一根平淡无奇的建筑立柱,反倒是店内远端的侧挂区域,更容易被人们注意到,并径直走过去挑选。

为什么呢?因为那些衣物是该店铺的常规销售款式,喜欢这个品牌的顾客对它们非常熟悉,即便是站在店铺门口,也能一眼越过陌生的中岛陈列,看到远处的"老朋友"。

脑神经学领域有一句话广为流传,目前看来,是对"熟人原理"的效果的最好概括:"大脑只能看到它想看到的,它想看到的是它曾经看到的。"

了解了这个原理,想要提高陈列效率,即有差别地引导顾客购买我们重点销售的商品时,我们需要做什么呢?让顾客率先对我们重点销售的商品熟悉起来!

投广告,这是做到这一点的最传统的方法,也是最昂贵的方法,需要长期投放,精确性和时效性都不足。不过凡事没有绝对,如果公司有足够的经费,对商品有足够的信心,这不失为一个可行的方法。

在店内张贴海报也是一个不错的方法。在货架上方的空白位置张贴海报,既能充分利用空间,又能让远处的顾客注意到店内的商品,看起来性价比很高。只是,与商品陈列面对的困境一样,这种张贴有可能让顾客因为陌生而"视而不见"。

如果公司有成熟的线上社群，那么，利用社群发布新品信息不失为一个好方法。在社群中，除了发布新品信息，制作并推送有趣的新品卡片、策划并组织集卡送礼品等小活动，都是迅速提高新品熟悉度的有效方法。

利用"熟人原理"刺激销售的操作空间很大，发挥店铺店员的主观能动性，会得到更多、更好的落地方案，产出意想不到的价值。

（2）对比原理

和"熟人原理"一样，这里先给出一个简单定义（"对比原理"不是原创概念，读者可以在现有的行为经济学著作中查询更详细的定义）。对比原理指对于大多数人来说，在有同类对比的情况下，一件事物会比没有对比时显得更好。这个概念用文字描述有些难以理解，甚至可能被误解为"货比货得扔，人比人会死"。我们用如图3-6和图3-7所示的商业价值对比图来进一步说明，理解了这两张图，就能理解对比原理。

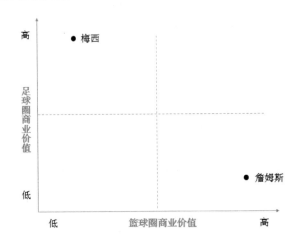

图3-6　商业价值对比图A

某著名运动品公司在考虑请一名球星当品牌代言人。这家公司没有特别偏重足球市场或篮球市场，所以在是请当红的足球明星还是请当红的篮球明星方面没有偏好。根据广告公司给出的商业价值报告，这家公司发现，梅西和詹姆斯分别处于各自运动领域的头部位置。那么，是请梅西代言还是请詹姆斯代言呢？公司陷入了两难境地。

广告公司看出了该公司的选择困难，于是在报告中加入了一个人，内马尔，让该公司在这3个人中做出选择。商业价值对比图由图3-6变为图3-7后，该公司迅速决定，请梅西担任品牌代言人！

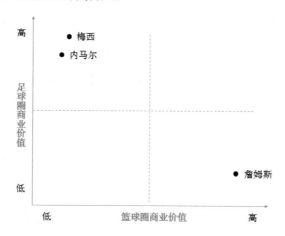

图3-7　商业价值对比图B

在图3-7中可以看到，僵持在坐标轴两端的梅西和詹姆斯势均力敌，引入了足球圈内商业价值低于梅西的内马尔后，对比关系明确了，这种对比结果帮助梅西压倒了原本很难直接做对比的詹姆斯。

在行为经济学中，这种情况被称为通过局内对比赢得局外优势。这是对比原理在现实世界中的实际应用案例。

回到店铺陈列的问题。为了让我们选择的主推商品在店铺中脱颖而出，我们需要合理发挥局内对比的作用。

比如，一排蓝色的侧挂衣服中，如果有一件红色的衣服，这件红色的衣服很难不被注意到。又如，中岛陈列台上的一堆方形衣服中，如果有一件衣服被叠成了圆形，也会非常醒目。

需要注意的一种情况是，许多陈列员认为，在侧挂区域安排一件点挂的衣物，会非常突出，一眼望去，大概率会被顾客识别并拿起。但这只是一厢情愿的想法,在同类项目中,对比原理才会起作用,项目不同类,该作用会大打折扣,甚至消失。点挂和侧挂,在店员看来只是对摆放方式的不同选择,但在顾客眼里完全不同。顾客会在侧挂衣物中扫描对比点,在点挂衣物中重新扫描对比点,并分别从这两类陈列中找到醒目的商品,不会混合寻找。

对比原理的核心是通过同类项对比,从整体面中脱颖而出。理解了这一点,多加实践和尝试,便能在店铺中创造更多的层次感、关注点,甚至有可能吸引隔壁店铺顾客的注意力,成为整条街最闪亮的店铺。

从消费者心理学领域到行为经济学领域,小魏的眼界得到了极大的拓展,她开始用不同于以往的眼光来看待陈列了。她不再狭隘地认为陈列就是尽可能地让店铺漂亮,也不再认为漂亮能高效激活消费者的购买冲动,她开始尝试用顾客的视角审视整个店铺的陈列,思考哪些商品会被看到,哪些不会,以及为什么会这样、如何改变等。随着对"熟人原理"和"对比原理"的深入理解,小魏的陈列水平越来越高,她现在已经在思考更深层次的店铺经营问题了。

3.7 禀赋效应的促单机制
让顾客拥有"自己的物品"的秘密

一 真实的购买决策过程

无论是在中国还是在外国,在古代还是在现代,大多数家长会高估自己孩子的天赋,特别是在孩子还没有被和同龄人放在相同条件中进行比较的时候。也就是说，孩子越小，家长越觉得孩子有特别的天赋，随着孩子的家庭表现和社会表现增多，部分家长会逐渐降低预期，开始越来越客观地评价自己的孩子。

这并不是家长自负，而是人类与生俱来的心理特质在起作用——我们会高估那些属于我们的，但我们并不真正了解的人或事物。

这种心理特质不仅在面对孩子时起作用，在更广泛的领域，也无时无刻不在起作用。比如在零售业，能意识到并利用这一点的人，会得到丰厚的回报；没有意识到这一点的人，则可能长期被"套路"而不自知。

有经验的导购，会在顾客犹豫不决时说："那我现在先把您的衣服装起来？"

这句话中，越是强调"您的"这个词，成交的可能性越大。其中的原理是当顾客在感性上觉得某件商品已经属于自己了，该商品的缺点会大幅缩小，优点会明显放大。

主流营销学认为，顾客购买一件商品的过程，是信息由粗到细的加工过程，即顾客会从商品类别入手，逐步细化了解商品的品牌和名称、商品的属性、商品的功能、商品的优点和缺点，如果在了解过程中发现商品的优点特别吸引人，缺点无足轻重，内心会涌现购买动机，并在导购的"临门一脚"中决定下单。

但实际上，行为经济学家研究发现，顾客的购买过程并不是这样的，而是完全相反的——顾客是先有购买动机，再了解商品特点的！

两个购买决策过程分别如图3-8中的上下图所示。

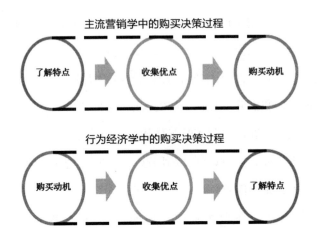

图3-8 购买决策过程

我们可以看到，图3-8中的上下图展示的两个过程是完全相反的，行为经济学中的购买决策过程看起来非常不合逻辑，但当我们把这个过程套入实际发生的购买案例中后，会发现，这个过程在现实世界中并没有什么违和之处。

露娜和姐姐一起逛街，来到了本地最大的综合商场，这里面吃喝玩乐都有，可以让她俩开开心心一整天。

露娜最近想买一双凉鞋，她已有的几双凉鞋都比较正式，今年流行运动风，露娜想迎合潮流，拥有一双运动风凉鞋。和姐姐沟通了这个想法后，姐姐很爽快地表示："去运动品专区吧，我正好需要买一双训练鞋！"

姐俩走进耐克店，导购马上迎了过来，问她们有什么需要，准备帮她们介绍介绍。露娜不习惯被别人盯着研究，所以礼貌地摇了摇头，表示只是随便看看。导购心领神会，点了点头，微笑止步。

露娜逛到运动凉鞋展示区，一眼看到第三层货架上放着一只白色帆布运动凉鞋。她记不清自己在哪部电影中看到过女主角穿这种鞋了，但她记得身边很多人说过那个女主角和她长得很像。

露娜取下那只鞋，端详了片刻，用手扭动鞋底感受了一下。不过，她对鞋底材质没有什么兴趣，她脑海中出现的是自己穿着这双鞋在健身房邂逅帅哥的场景。

"你好，能帮我取一下36码数的这款鞋吗？"露娜对旁边不远处的一位导购说。

"36码白色吗？好的，请稍等。"导购迅速拿来一双鞋，示意露娜可以在旁边的矮凳上换鞋，并开始了标准话术介绍，"这是今年的新款鞋，使用了全新的鞋底技术、全新的面料……对比普通的运动鞋，这款鞋的韧度增强了30%……在运动的时候，这款鞋可以快速吸汗，让脚部始终保持干爽……"

露娜在镜子中看到了穿上这双鞋后的自己，她前后转动，感觉看起来还不错，与她脑海中的自己的健身房形象一致。

"穿着这双鞋在室内跑步机上跑步时，鞋子可以快速吸汗，对吧？"

"是的，您应该很喜欢去健身房，在那种环境中，脚部大量出汗真的让人很尴尬，而且很危险。这双鞋可以很好地解决这个问题，让您在健身房里更舒服，锻炼更长时间。"

露娜满意地笑了笑，她找到了这双鞋的核心优点。不过这时，她感觉脚踝处有些不舒服，特别是在前后跨步的时候，她询问导购这是怎么回事。

导购蹲下来，一边帮露娜调整鞋子，一边说："这双鞋有一个独特的功能——脚踝松紧度调整，可以根据所选运动的不同，自由调整脚踝处的松紧度，比如慢跑的时候，需要鞋子更跟脚，可以让脚踝处的这个带子紧一些；在平时走路的时候，需要更好的透气性，可以把这个带子松开一些，看起来也更潇洒。"

露娜听到后，觉得真不错，原来这不是缺点，而是特点，而且导购的解释有理有据，果然是一双好鞋子。这时候，脚踝处的不适感荡然无存，她毫不犹豫地买下了这双鞋。

另一边，姐姐也在导购适时的帮助下买到了心仪的训练鞋。

二　对购买决策施加积极影响

通过以上案例，我们可以看到，露娜在购买运动凉鞋之前，已经有了购买动机，她的核心需求是提升自己在健身房中的形象，因此，当她在脑海中将自己与一位穿着类似鞋子的女明星进行对比、匹配之后，迅速做出了购买决定。完成购买前，她需要的只是更多的支持信息，支持她的购买决定。所以，她几乎是在主动地找这双鞋的优点，以及能增添好感的特点。导购需要做的，只是在一旁等着，适时答疑，不要失踪，不要添乱。

这是一个非常典型的购买案例，我们需要意识到的是，只要顾客从内心深处认同一件商品是应该属于自己的物品，该顾客就有极大的可能性主动帮助导购给商品"加分"，并最终买下目标商品。

让顾客把商品当成自己的物品，有以下几个策略可以实施。

（1）让顾客体验更长时间

尽可能拉长销售环节。

这可能和很多传统零售从业者的认知不同，他们往往觉得，缩短销售环节才能降低丢失顾客的风险，并且提高坪效。这种源于计划经济时代的思路，并不适用于当前的商品爆炸时代。如今这个时代，最重要的是延长顾客的购买体验时间，很多商家甚至不惜让顾客将商品带回家体验，直到顾客决定买单。这种软件行业、游戏行业常用的销售策略，在线下零售业中日益普及。

比如，体育用品超市迪卡侬就在努力给顾客更多的体验机会和时间，他们会在超市中设置各种运动体验区，鼓励顾客试用商品。这种逻辑是对的，顾客试用了商品，就会产生一种"商品已经属于自己"的错觉，这时候即使发现商品的缺点，也可能忽略，转而关注商品表现出的更多优点。

在更小的商场店铺，一些零售商也在做类似的尝试，比如让顾客试穿运动鞋后来回走动，体验做不同运动时的感觉。

（2）帮助顾客进入使用场景

店铺海报主要有两种，一种是促销海报，用于告知打折信息，通常在店铺内最显眼的地方，强化标价牌影响力；还有一种是品牌海报，看起来用处不大，实际上是通过画面把顾客带入某种场景，让顾客的脑海中闪过自己身临其境的画面。

配合品牌海报的还有导购话术，前文案例中导购对露娜说的话就是典型的销售话术，通过对健身房场景进行描述，努力让顾客置身于该场景，在该场景中，顾客正在完美地使用产品，展现卓越的天赋，享受非凡的体验。

在这个过程中，导购不需要费力地宣传商品的优点或努力地逃避商品的缺点，只需要把顾客带入场景，让顾客认同场景就足够了。

（3）定制化制造

定制化制造在以前是不可想象的，但随着3D打印技术等技术的成熟，已经有前卫的商家在尝试。比如某品牌球鞋体验店，可以通过使用3D打印技术，让顾客买到印有自己名字的球鞋。面对追求"自我价值"的年轻人，还有什么比此举能更好地让他们享受"拥有感"呢？

可口可乐也尝试为大客户提供类似的服务，在瓶罐上印上特定的图片和文字，做城市可乐、公司可乐、社区可乐等，特定圈子的人拿到这种可乐之后，甚至不舍得扔掉喝完可乐后的瓶子。

其实定制化制造没有那么复杂，也没有太高的技术壁垒，只需要我们打破以往的思维限制。大多数商品有定制化制造的条件，杯子上可以添加照片、T恤上可以添加帅气签名和喜欢的格言、手机壳上可以添加名字……只要释放想象力，没有什么做不到。一定要牢记终极目标——在顾客购买商品之前，让商品率先属于顾客。

让顾客把商品当成自己的物品，这是一种技术，我们称之为前置归属技术（TIC），即增加顾客与商品在一起的时间，让顾客充分体验商品的使用过程，让商品在设计上体现顾客独特的个性和需求。

这3个行动，是这种技术的3个支撑。想要提升这方面的能力，可以参照图3-9，着重选择并完善自己擅长的行动。

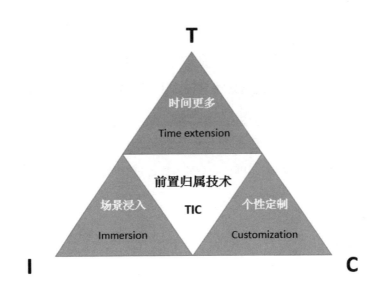

图3-9 前置归属技术

通过本节内容，我们了解到，人们普遍会对自己拥有的东西给予更高的评价，这是行为经济学中禀赋效应的核心所在。这种心理动机在零售的过程中有机会得到高效应用，其前提在于，第一，我们意识到这种动机，并了解这种动机出现的条件；第二，我们有途径和方法使还没有被交易的商品在顾客的心理上被交易，使顾客提前看到可预期的未来。

曾经有一句话引起人们的广泛共鸣——"梦想照进现实"，说的是人们的梦想总有一天会实现。在零售业中，如果商家可以依托前置归属技术相关原理展开行动，相信能让顾客对商品的渴望变成对商品的拥有，让店铺的期望收益变成店铺的实际收益。

3.8 免费效应的强大作用
包不能治百病，免费的包才治百病

一 普遍的免费现象

汽油最怕什么？火！一个微弱的火星，就能让汽油燃起熊熊烈火，在特定的密闭环境中，甚至有可能导致爆炸。

顾客最怕什么？免费！一个免费的物件，无论顾客需不需要，都有可能唤起其内在冲动，让其想要拥有。

为什么免费对于顾客来说有这么大的吸引力？这可能源自人性深处自古有之的冲动——占有欲。

在不计成本的情况下，人类的本能是尽可能占有更多，从生物进化论的角度说，这能让基因获得更大概率的传播，且传播得更有效率。身处零售业，我们知道，消除占有欲对于普通大众来说是不可能完成的任务。占有欲的存在，对于商家来说，提供着绝佳的成交机会！

2010年左右，卡拉OK（KTV，意为营业性娱乐场所）在国内城市中非常流行，是城市生活、社交活动的必备要素——同事聚餐、好友聚会后，经常去卡拉OK里唱两嗓子。那个时候，商场、小吃街、酒店等地方，开着各种各样的卡拉OK，高档的、中档的、低档的，全面服务着从大学生到退休人士等各个社会群体。

因为市场需求大，竞争迅速变得激烈，一方面，各大卡拉OK不断装修升级、音质升级，提供更好的产品和服务；另一方面，各大卡拉OK各显神通，纷纷祭出商家的传统法宝——打折促销。

在我当时居所的不远处，有一家区域内比较有名的卡拉OK，面对激烈的市场竞争，开发了自己独特的促销产品，如下。

消费后结账的顾客，可以从以下两种消费代金券中选择一种使用。

选择一：用10元购买一张价值50元的消费代金券（限购一张）；

选择二：免费得到一张价值20元的消费代金券。

在那个时代，喜欢去卡拉OK唱歌的人通常每周会去1～2次，这家店的平均消费水平为50元/人，4个人去，唱歌加购买酒水饮料，大概需要200元，所以，购买第一种消费代金券是非常划算的，等于免费得到了一张40元的消费代金券，下次这4个人去唱歌，可以直接减免50元现金。而选择二是直接得到一张20元的消费代金券，相比之下，显然不划算。

我和该店的大堂经理谈论过这两个促销产品，得到的信息符合理论分析的结果，店员们更愿意推销第一种消费代金券，一方面，可以让顾客节省更多的钱，从而提高顾客满意度；另一方面，顾客提前消费10元后，产生了成本，再来消费的概率会提高。选择第二种方案，顾客没有预支成本，店员会觉得这样的顾客不一定再来消费。

然而，实际送出的消费代金券比例令人吃惊，第二种几乎是第一种的10倍！也就是说，11个人消费，10个人会选择不划算的20元消费代金券，只有1个人会选择更划算的50元消费代金券（支付10元）。即便这些人中的许多人知道，自己大概率还会再来。

这么显而易见的对比，为什么无法阻挡人们做出不划算的选择呢？因为免费的力量实在是太大了！人们在面对免费诱惑时，甚至会损失80%的计算能力。

我们知道，通常情况下，实施免费策略的商家的真正目的不是做慈善事业，惠及自己的顾客，而是以"免费"为机会，诱发顾客的更多消费。这种行为本身是合理的、正当的，当商家真正认为自己的商品和服务可以帮助顾客得到更美好的生活时，通过使用一些技巧促成交易，是没有任何问题的。

二 免费心态和策略

站在零售从业者的角度，我们需要思考的是，同样是免费，不同的心态为什么会造成决策和执行过程中不同程度的偏差，以及假以时日，这些偏差会导致怎样截然不同的结果（或者后果）。

带着把"免费"当成诱饵的心态，会不自觉地做出欺瞒消费者的选择，短期看可能有一定的收益，长期看却是在自掘坟墓。带着把"免费"当成馈赠的心态，则会由内而外地营造不同的氛围，短期看，相比于即刻的收益，可能会付出更多的成本，但长期看，会收获越来越多的、意料之外的惊喜。免费诱惑的两种心态如图3-10所示。

免费诱惑的两种心态	
诱饵心态	馈赠心态
短期收益，长期损失	短期付出，长期收益

图3-10 免费诱惑的两种心态

接下来，我们通过介绍一些商业实例，分别谈一谈诱饵心态和馈赠心态的行为表现。

（1）诱饵心态之免费策略

当代职场人士（以"80后""90后"为主）普遍有一个担忧，即担忧父母上当受骗。许多人有类似的经历，父母被不良商家骗取钱财，而且往往一波未平一波又起，不良商家不停地卖弄拙劣的销售话术，骗走老人家辛苦一辈子攒下的真金白银。如果是其他行业的职场人士，面对这个问题，骂几句无良商家（骗子）诡计多端也就算了，作为零售业的从业人员，谙熟各种销售套路，看着这种事情发生在自己家里却无能为力，更为恼火。

亲身了解其中的套路之后，大家会发现，这些无良商家所使用的伎俩大同小异，绝大部分只是做好了一件事：给够"免费诱饵"。他们会先给老人一些免费的试用品、免费的服务，来谋取老人的好感和依赖，再抛出自己的真正目的，给老人兜售一大堆"购买机会难得"的"便宜商品"。

这种行为看似是销售，实则是诈骗。随着教育的深入、经验的积累，"亏"总有"吃完"的一天，相信在可以预见的未来，这种事情会成为历史的尘埃。接下来，我们从商业研究的角度，分析一下那些有自己的产品，甚至有国家相关机构的授权的商家对这种"销售技巧"的引入和学习有多么不明智。不客气地说，简直是拿着金碗讨饭吃，注定会偷鸡不成反蚀把米。

商家选择用免费做诱饵，第一个直接影响是在公司内部传播"骗子文化"。对外骗顾客的人，对内必然能骗领导、骗老板。如果哪个领导觉得自己技高一筹，"吃过的盐比下属吃过的饭都多"，绝对不会被下属欺瞒，很可能最终会搬起石头砸了自己的脚。草原上，没有一只狮王不会被更年轻的狮子取代，"骗子王"也是长江后浪推前浪，一代更比一代强，落败只是时间问题。

第二个影响是战略迷失。或许商家的商品本身是不错的，也有市场竞争力，但使用了这种方式之后，很可能会习惯于这种行为轨迹，产生难以戒除的行为惯性，导致糟糕的渠道和行为模式把良好的商品拖下水。恶性循环后，商品会越来越糟，逐渐丧失竞争力。其实追溯一些"销售"老年人偏好的"魔幻产品"的商家，大家会发现，很多商家的前身是非常正当的公司，是有着崇高的商业理想和道德的，只是后来误入歧途。

或许这种程度的"免费诱饵"已经在一定程度上进入非法范畴，那么我们来看一看合法范畴内的商家案例。对于"免费效应"的误读和浪费，最为典型和常见的是在商场内外游走的"免费纸巾发放员"现象。

一开始，这些"免费纸巾发放员"是不发放纸巾的，他们是纯粹的地推工作者（地面推广专员），接受专门的培训，有正式的岗位，向固定的主管汇报。但随着"免费诱饵"的出现，他们逐渐改变自己，变成另一种存在了。

免费纸巾或其他免费物件的发放，让商家似乎有了一种道德上的优势（参见3.4节中介绍的互惠原理），地推工作者也心态大变，变得趾高气扬起来，开始向顾客要信息、要时间，甚至要交易。一些脸皮较薄的路人，遇到这种情况会不幸中招，但转眼间他们会带着十倍怨气将负面影响返还给商家，告诫身边的人小心这个公司、这个商品，以及这个街区。更多的人则会迅速识破真相，面对这些"免费"的东西，绕道走开。发放免费礼品成了广场捕猎游戏，这对于行人、潜在顾客，以及商家本身来说，都是灾难。

还有一种更不易被识别的"免费诱饵"，其出现或许不是商家的本意，而是培训不到位，或者短视的管理制度、激励措施造成的。典型的案例常见于商场一层的化妆品柜台。

我们知道，许多化妆品公司会生产一些小瓶试用装，这些东西不是用来销售的，而是用来赠送的，其功能是培养潜在顾客的好感。许多化妆品公司会明确告知店员不能随正品赠送试用装，因为那样试用装就失去了意义，但许多店员将这些试用装视为筹码，颠倒了销售顺序，率先暗示甚至明示顾客购买哪些商品能得到哪些赠品，购买多少量的商品能得到多少瓶试用装……这样做如同在给正品打折促销，会严重损害正品本来的价值——顾客很可能下一次在一家没有赠品的柜台前拒绝购买同样的商品。

这类行为在化妆品行业非常普遍，被称为赠品异化，是诱饵心态之下，对免费策略的重大伤害。

（2）馈赠心态之免费策略

与诱饵心态的免费策略不同，怀着馈赠心态的免费策略，会带来不同的零售状态及商业前景。

馈赠型免费的基本逻辑是"我们的产品很好，只是知道的人比较少，所以我们要免费邀请大家试一试，以便大家知道我们的好"，从根本上说，这种逻辑看重的是长期的、可持续的回报。

星巴克门店在推销新品时常用这种方式。比如，店员会给店内的顾客赠送一小杯新品咖啡，并与之闲聊一下新品的口感，一方面通过"免费策略"提升了顾客好感度，另一方面收集到了关于新品的一手资讯。可以看到，星巴克在给顾客赠送免费咖啡的时候，绝不会要求顾客再买一杯咖啡，或者办一张储值卡，他们知道，这会迅速让"免费"变质。

同样的情况常出现在超市的食品区，那里会有许多商家盛情邀请顾客品尝所售卖的食物，恨不得直接填饱顾客的肚子，让顾客没有力气挪步。在这种情况下，导购会因为不把赠品作为销售的诱饵而心态平和，更愿意做这份工作；顾客也会因为这种从容的气氛而心态更加放松，更愿意尝试新品。

建立起这种馈赠心态后，就可以着手设计与之适配的免费大礼包了。下面介绍几个比较有特点的"免费礼包"，供大家思考。

免费礼包一：免费制定运动计划。

广州有一家运动品商铺，在商铺中放置了一台特殊的跑步机。这台跑步机在供顾客体验新买球鞋的性能的同时，兼具一项重要任务：帮助运动教练有需要的潜在顾客制定运动计划。

面对那些购买需求不明确的顾客，运动教练（普通店铺的导购）会邀请他们来到这台跑步机旁，让他们携带一些测量设备后登上跑步机跑步，跑步机后台的计算机会给出相应的数据：顾客心跳、跑步着力点、步幅频率等信息，运动教练会根据这些信息，给顾客提供科学、合理的运动建议，甚至免费为顾客制定运动计划。

这家运动品商铺这样做并不是为了让顾客立刻购买运动鞋和运动衣（使用跑步机是完全免费的），而是为了培养社区的运动文化，帮助人们更科学地做运动。他们相信，当社区的运动文化越来越盛，人们购买相关产品是水到渠成的事，即便竞争多，蛋糕大了，他们分到的也会更多，良性的业态比什么都重要。

免费礼包二：免费提供体验课程。

不同于许多短视的、口碑极差的培训机构体验课，一些针对儿童的兴趣课程是真的在提供免费体验机会。孩子参与到课程中，体验到和报名后课程一样的内容后，能获得成长和乐趣的孩子，其家长通常不会吝惜腰包，不能获得成长和乐趣的孩子，则不需要双方再浪费时间。

还有很多兴趣机构，会直接让获得免费体验资格的孩子加入正常的收费班级中学习，那些正式学员往往会自愿成为宣传员和启蒙者，帮助来体验的孩子快速适应。这种免费课程对于培训机构来说成本很低，带来的效用却很大。注意，体验者的即时报名只是收益的一部分，外部的口碑效应也是不容忽视的、非常可观的。

如果零售店铺有类似于教育培训机构的体验课程（商品的上下游资源，如运动鞋领域的运动类课程、户外用品领域的野外拓展课程等），不妨拿出（制作）一些资源作为免费礼包提供给潜在顾客。长期、真实关系的建立，比冰冷的会员号码更有价值。

免费礼包三：免费提供咖啡休息区。

在大多数人的刻板印象中，快时尚类的服装店流动性很大，不仅服装款式变化快、店员及导购更新率高，顾客也常以很快的速度进进出出，仿佛这种店铺只是商场内的通道之一。

西安市某商场内的一家潮牌服装店不走寻常路，试图挑战传统印象。他们在店铺内设置了一间微型咖啡馆，店铺内的导购会充当临时咖啡师，给愿意停下来休息的顾客冲一杯免费咖啡。起初，这个行为招来了周边很多店铺的嘲笑，说这是不务正业、店员福利、无聊的噱头……但几个月之后，这家服装店的业绩越来越好，回头客越来越多，已然成为商场3层的一颗闪亮明星。那些来这里品尝过咖啡的顾客，即使第一次没有购买任何商品，也大多惦记着下次再来，而再次光顾的时候，他们通常会购买1~2件衣物。零售经理最开始担心的入不敷出、成本飙升等问题并没有出现,商场内的非目标顾客并不会因为这里有免费咖啡就冲到店里来"蹭饮",来到店里的人都是有潜在购置衣物需求的人,在免费咖啡的刺激下,他们愿意停留更长的时间,给商品更多的机会。

通过以上案例分析,我们可以看出,人们对于免费是天然缺乏抵抗力的,作为零售从业者,可以充分挖掘免费的商业价值,让"免费"物尽其用。换句话说,让人们"贪婪"的本性更具价值创造性,刺激人们为更好的商品和服务消费。

注意,在探索免费零售策略和工具的使用方法的过程中,要戒除急功近利、涸泽而渔的心理,不要把免费变成诱饵,而要把免费当成馈赠。豁达一些,大气一些,站在全局的高度,更长远、更慎重地思考免费的意义和价值。

3.9 损失厌恶的转换和价值
损失机会不如损失金钱

一 损失厌恶的商业表现

行为经济学界的两位权威:丹尼尔·卡尼曼和阿莫斯·特沃斯基,曾在1983年发表了一篇重要的论文,名为《选择、价值与框架》,谈到了人们给予收益和损失的不同价值评估。简单说,就是人们会高估损失的影响,低估收益的影响,损失比收益的影响大3倍左右。

小李每个月的收入是相对固定的,为10000元。某月,小李的表现非常好,领导决定给他月薪的30%作为奖金，即3000元，小李的幸福感获得了提升。

我们用某种方式来量化这份幸福感，比如，价值"3份"的幸福感提升。

次月，小李犯了一个错误，领导决定扣除他月薪的30%作为惩罚，依旧是3000元，月底，小李只拿到了7000元。小李感到天昏地暗，心情跌入谷底，甚至想辞职。

这时，小李幸福感降低的程度绝对不止"3份"，至少有"9份"。

这就是具化后的《选择、价值与框架》这篇论文的核心论点——获取3000元和损失3000元不是一样的感受强度，获取3000元的感受强度和损失1000元类似。因此，我们可以这样说，人们都有损失厌恶倾向——相比于同等的收益，人们对损失的感受强度更明显。

这种心理是如此普遍，以至于我们长期以来一直认为，经营一家店铺之所以困难，是因为在本质上，让顾客消费是逆流而上，是让顾客割舍钱财，是在和顾客"对着干"。

在这种认知中，许多商家和顾客的关系越来越对立，他们想方设法，软硬兼施，用恐吓、威胁、欺瞒、吹捧等方式来对付顾客，以不惜牺牲长期关系的代价，换取短期利益。

在一个比较特殊的行业中，这种情况有了改观，即博彩业。顾客竟然毫不在意肉眼可见的损失，主动寻求消费机会，而且义无反顾，乐此不疲。

很少有人觉得百万分之一的好运气会轮到自己，大多数人知道，买彩票的几十元钱有很大概率会血本无归，那些老彩民每年投入其中的钱甚至达到成千上万元之多，但是这些人，竟然就是对赤裸裸的损失"厌恶"不起来！

这些人对于收入的减少、钱包的丢失同样厌恶，但对于打水漂的彩票钱毫无感觉，这到底是为什么呢？

原因在于博彩业的精英巧妙地把这些彩民的损失金钱厌恶倾向转换为了损失机会厌恶倾向，也就是说，相比于对损失买彩票的那些钱的厌恶，彩民更厌恶的是中奖（获得高额回报）的机会被白白错过。

博彩业进行的这种转化，对于其他行业来说很有启发意义。如果只是简单地将其理解为一种赌徒心理，那就过于肤浅了。这背后的原理，在很多方面有所体现。

这里有一个我身边的例子——罗总，在他身上发生的两件事让我印象非常深刻。

罗总是我在很小的时候就认识的一个人，他是我父亲的前同事，比我父亲小五六岁，我称他为罗叔。我认识他的时候，罗总还不是"总"，经常被周围人称为"那个家伙"。

罗总家和我家住同一个小区，工厂大院类的小区，即大众认知中的"老实人居多的社区"。罗总年轻时就显露出和周围人不同的气质，他不喜欢好好上班，毕业后被分配到工厂车间，没工作3个月就和车间主任闹翻。后来，他被调到文工团，如鱼得水，但好景不长，没过两年，他就不想干了，觉得文工团的工作虽然比车间的工作好一点，但长时间干下去也没什么意思，唱一样的歌，跳一样的舞，在一样的舞台上过一样的人生。

好在生逢其时，很快改革开放，国家鼓励"下海"。没有任何悬念，他成了第一波吃螃蟹的人。

作为前浪，他不但没有被后浪拍死，反而越战越勇，接连创办了好几家公司。这些公司，要么最后被他卖出去了，要么他做了创始股东。他的个人资产越来越多，社会影响力越来越大，在他的带动下，他的家族"晋升"为本地区的"名门望族"。

大学实习期，作为管理系的学生，我不知道该去哪里实习。偶然机会遇到了罗叔，三两句话，他让我去他那里实习，给他做秘书。其实不是真正的秘书，就是拎个包跟着他，接个广告电话等。虽然两周的实习期内没干什么实际的事情，但耳濡目染中，我仿佛来到了另一个世界，见识了不同的世界观。

第一件事，我们开车从青岛到烟台后，晚上连人带车，要坐游轮去大连。因为不清楚具体情况，我们下午率先到达了码头。询问后得知，下午6点，汽车上船，人则最早晚上10点上船，这中间的4个小时，我们只能在外面找个地方等着。

按照大多数人的想法，我们应该先按时把车送上船，然后几个人下来，在码头旁找个地方吃饭，等到差不多晚上10点钟，过去排队上船。但罗总觉得这样太浪费时间，根本不划算。他想了想，问工作人员能否预留汽车位置，晚上9点再让车上船。工作人员回复说这样也可以，不过要支付600元的VIP通道费。罗总毫不犹豫地购买了这项服务，利用这几个小时开车到城市的另一边找老同学聚餐去了。

在他看来，600元的金钱损失不算什么，和同学聚餐的机会相对来说更重要。金钱如流水，花了可以再赚，和同学聚会则有可能得到新的信息、建立更深厚的情谊，这些信息和情谊的价值，远不是那600元能比的。

第二件事，某次，罗总的公司需要从供应商那里借100万元现金，在财务长提交报告的时候，罗总二话不说，把数字100万改成了500万。财务长非常吃惊地看着罗总说："我们这笔生意的运作并不需要那么多钱，一下子借这么多，不说对方肯不肯借，就是肯借，我们的财务成本要提高许多，不划算。"

罗总笑了笑，胸有成竹地说："你觉得100万元比500万元好借？错了，事实正相反，500万元比100万元好借。你借100万元，别人会觉得你是遇到了财务困难，需要江湖救急，有可能会躲着你、揣摩你。你借500万元，别人则会觉得你是要大展宏图，有新项目、新投资，会更愿意借钱给你。况且，我们借500万元并不是没有用途、白白放着，我们可以扩产能、升级设备、改造厂房，这些投资的长期回报远高于利息成本。钱对于公司来说是流动的血液，不是生病时才会用到的血包，有更多血液，就有更多生机。"

财务长思考片刻，恍然大悟，明白了罗总的逻辑。果然，借款时，供应商丝毫没有犹豫，直接拿出500万元，并表示如果有机会，可以以投资的形式追加300万元。

老板与老板的思维模式果然惊人的相似。

这两件事让我意识到，老板思考问题的角度确实和打工者不同，他们更看重的是机会，最害怕损失的也是机会。

这两件事只是罗总日常生活中的点滴琐事，但它们反映的是这一类人的思维模式。从心理学的角度看，这种思维模式并没有异于常人，他们只不过是比普通人多了一层思考——"厌恶转化"思考，从损失物质厌恶，转化为损失机会厌恶。

这对于零售业来说是非常重要的启发，作为优秀导购，有必要帮助顾客进行思维转化——在顾客停留在损失物质厌恶层面时，帮助顾客意识到有更大、更高的层面，引导顾客看到更多机会的存在，唤起顾客对于损失机会的担忧。

一方面，我们必须明确，使用限量策略让顾客担心无法再买到商品并不是本节要讨论的问题，3.2节已经针对这个心理现象进行了分析。另一方面，从实际操作层面讲，损失购买机会并不会激起人们心中真正的"损失厌恶倾向"，人们必须首先意识到机会的存在（大部分人面对商品时并不会觉得购买商品是机会），然后才进行到第二步：对机会损失产生担忧。

因此，店铺应该做的第一步是让顾客意识到：机会出现了！

什么机会？这取决于顾客的深层次购买动机。如果目标商品是化妆品，那么购买动机就是更美丽的自己；如果目标商品是健身用品，那么购买动机就是更强健的自己；如果目标商品是保健品，那么购买动机就是更健康的自己；如果目标商品是娱乐用品，那么购买动机就是更快乐的自己。

二 顾客购买的底层动机

经过我们长期的观察，几乎没有顾客的深层次购买动机是省钱、占便宜、图省事，这些只是表象。如果导购探寻到最深处，给予顾客最强的"灵魂拷问"，这些表象会被一一击溃，顾客会说出内心深处最真实的想法。

顾客内心在意的机会，就是剥离表象的、最深层次的购买动机。我们可以把这种购买动机简化为"成为理想中的自己的机会"。这样说比较模糊，但可以很好地引出接下来要展开论述的3项内容,即我们要论述的重点——控制型追求、占有型追求和求知型追求在顾客心中的不同动机表现,如图3-11所示。

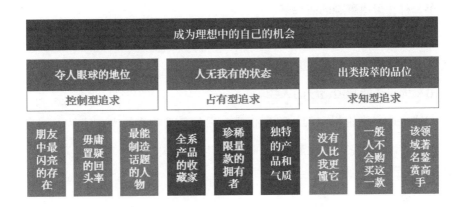

图3-11　3种类型的追求及其在顾客心中的不同动机表现

顾客购买商品和服务所期待的最大机会是成为理想中的自己,可以分为3个方向——按照法国思想家罗曼·罗兰对人的归类,世人的追求通常来说有3种,分别为追求对世界的控制,即渴望权力;追求对世界的占有,即渴望财富;追求对世界的新知,即渴望学识。

翻译成零售语言,人们追求的3种主要机会为夺人眼球的地位、人无我有的状态、出类拔萃的品位。

注意,很少有人同时有这3种追求,通常人们只对其中1种感兴趣,导购和顾客对话的时候能否准确捕捉到这一点,并予以有针对性的引导和刺激,是能否引起顾客共鸣的关键所在。

(1) 控制性追求

如果导购识别出顾客追求的是夺人眼球的地位,那么,导购可以用如下3种话术来引导。

第一种:朋友中最闪亮的存在。

"这是一件可以助你脱颖而出的产品,它在设计过程中做了广泛的调研,其存在就是为了实现这个目标。如果失去了这个机会，那么脱颖而出可能会成为泡影。"

第二种：毋庸置疑的回头率。

"我们对很多产品进行过测试，这一件的测试回头率是最高的。我们也不知道为什么，但80%的人就是想多看它两眼。"

第三种：最能制造话题的人物。

"这个产品在论坛上的讨论度很高，无论是喜欢它的人，还是不喜欢它的人，都在讨论它。它从诞生起就处在舆论的风口浪尖，拥有它的人，本身便是话题中心。"

（2）占有型追求

如果顾客追求的是人无我有的状态，那么，导购可以选择的3种引导话术如下所示。

第一种：全系产品的收藏家。

"在全系列产品图谱面前，如果您缺少其中一件，是巨大的遗憾。玩卡牌游戏时我们追求全图鉴收藏，买东西时也一样，这种美妙的感觉，相信您会懂。"

第二种：珍稀限量款的拥有者。

"拥有大众产品的人很多，拥有小众限量款的人很少。如果在意实用，那么确实没必要购买它；如果在意高级，那么必须拥有它。"

第三种：独特的产品和气质。

"独特的东西会带来独特的气质，拥有这种气质的人，无论在哪里，都显得鹤立鸡群。大多数人不明就里，只能望尘莫及。"

（3）求知型追求

出类拔萃的品位也是一类人的追求，可以对这类人发挥作用的3种引导话术如下所示。

第一种：没有人比我更懂它。

"不用我多说，您应该比我更了解这款产品。我想啰唆的只有一句，它比原先的设计更前卫。为了提升品牌调性，这是本公司唯一一款成本大于售价的产品。"

第二种：一般人不会购买这一款。

"不是所有人都能接受这个概念，这个概念太超前了，可能若干年之后才能被主流大众所接受。那个时候，大家很可能会觉得今天购买这款产品的人是先知。"

第三种：该领域著名鉴赏高手。

"购买同类产品的人很多，但像您这么懂产品的人很少。大多数人是人云亦云，但您能说出产品最核心的特点，很厉害，真的很厉害，百分百的鉴赏大师。"

人皆厌失，但不是所有人都懂得管理自己对"失去"的看法。尊重顾客，启发顾客，帮助顾客用不同寻常的视角，把对物质的执着转移到对未来机会的珍惜上，达成交易的概率会大大提高。

这或许不是零售从业者的必备技能，但掌握这种技能、拥有这种意识，对于提升店铺和团队的盈利能力有着明显且长期的帮助。

3.10 符合框架效应的销售话术
直击人心的销售点穴术

我曾经在一个业务培训会上碰到一位非常年轻、帅气的店长，身高一米九，身材魁梧，身姿挺拔，有一种在世吕布的感觉。他听完我所讲的培训课程后，在吃晚饭时找到我，带着逼人的自信却又面露诚恳地问了我一个问题："李老师，有没有一击破敌之术？就是一句话说到顾客心里，顾客二话不说直接掏钱的那种。"

做零售工作的人，特别是一线管理者，经常会不自觉地进入这种状态——带着逼人的自信的同时面露诚恳，既想知道更多的道理，又觉得太阳底下无新事儿，没有什么是自己不知道的。

这种状态特别有意思，积极进取，但顽固不化。

这种时候，你要是能打动他，他就会对你心服口服，成为新知识的传播推进器；你要是不能打动他，他就会无比叛逆，成为新知识的传播减速板。所以面对零售一线管理者时，要格外小心。

面对这个提问，我使用了苏格拉底之术，即以问题回答问题，这样既能让现场不至于陷入尴尬，又能给双方留出进一步思考和对话的空间。我反问他："你认为世界上存在这样的一击破敌之术吗？"

他想了想，笑了起来："应该不存在，否则就成神了。销售终究还是要依靠产品力。"

这个"在世吕布"算是应付过去了，不过他的问题深深地埋在我心里，总想找机会拔除。

读到行为经济学的"框架效应"这个概念后，回想那个"一击破敌"的问题，我突然有了新的思考。虽然无法真正做到"一句话说到顾客心里"，但或许可以在一定程度上改善导购话术，让导购在面对顾客时有更大的成功概率。

所谓框架效应，指人们对客观上相同的问题进行不同的描述，会导致不同的决策判断的现象。换句话说，不同的描述，会导致不同的选择结果。我们引用概念提出者丹尼尔·卡尼曼在其论文中所举的例子来说明，如下所示。

假设突发了一种疾病，预计将导致600人死亡，现有两种方案和后果可供选择。

描述方式一：如果采用A方案，200人将生还；如果采用B方案，有1／3的概率600人生还，有2/3的概率无人生还。

随机调研结果显示，72%的人选择方案A，28%的人选择方案B。

描述方式二：如果采用A方案，400人将死去；如果采用B方案，有1/3的概率无人死去，有2/3的概率600人死去。

随机调研结果显示，22%的人选择方案A，78%的人选择方案B。

这个例子最有趣的是，无论是在"描述方式一"中，还是在"描述方式二"中，方案A和方案B本质相同，但调研结果迥异，人们会根据描述方式的不同，从选择方案A变为选择方案B！

进一步剖析这个现象，会得到一个结论：参照点不同，会导致不同的决策选择。

"描述方式一"中，参照点是收益，人们的内心倾向是落袋为安；"描述方式二"中，参照点是损失，人们的内心倾向是逃避损失。

这对于构建导购话术有着非同寻常的意义，在某种程度上可以说，同样的商品，用不同的话术介绍，会导致截然不同的结果——顾客选择买，或者选择不买。仿佛是一套点穴术，一句话改变一切。

我们从最简单的情况说起。店铺的日常状态分别是有促销活动状态和无促销活动状态，根据框架效应，有促销活动时易使用"收益向话术"，即导购要尽可能唤醒、点燃顾客对于收益的敏感。无论促销活动中赠送给顾客的是什么，是有形的价值还是无形的价值，都应该被纳入对话框架，促使顾客做出购买决策。具体例子如下所示。

今天购买将有**500积分**赠送，之后购买可能就没有了。

赠品送完为止，先买先得，我帮您看看还有没有赠品。

七折，算下来是有**350元的现金优惠**。

满400送300，这**300元**您可以用来购买当季所有新品。

每座城市**限量1000双**，后面不会再出同样的款式。

被着重强调的词，是用来唤醒、点燃顾客对于收益的敏感的词，目的是让顾客意识到这些是真金白银的价值，是不可错失的机遇。

当店铺处于没有促销活动的时期，即除了商品本来的价值和顾客自身的需求，没有额外的好处可以借力时，可以使用"损失向话术"，让顾客意识到错过商品不仅是错过商品本身，还会损失许多其他的宝贵价值，给顾客一种感觉——为了避免损失，明智的策略是当机立断，选择购买。具体例子如下所示。

这款鞋子的库存不多了，畅销款，往往几天就卖光了。

缺乏支撑的运动鞋对脚部的伤害，是多少钱都无法弥补的。

受专利保护限制，其他衣服无法使用同样的透气设计。

店铺马上升级，之后定位会变，可能买不到这些产品了。

能找到一条适合自己的裤子不容易，这条裤子和您真的很搭。

这样的对话框架意在让顾客明白，购买不仅有一面——单向的价值选择，还有另一面——机会的丧失，而且提醒顾客，这种机会的丧失所带来的损失，比顾客想象的大很多。

除了依据店铺是否在促销季使用不同话术，另外一类更普遍的情况是导购识别顾客的产品偏好类型（价格敏感、质量敏感、款式敏感、性能敏感等）后，根据顾客的不同产品偏好，使用不同话术。举例如下。

（1）顾客对价格敏感

在观察到顾客对价格特别敏感，非常纠结价格时，为达成交易，可选择的助推话术如下所示。

一分钱一分货，好货难求，买到就是赚到。

好东西都贵，但买了好东西的人都不后悔，买了一般的东西可就不一定了。

把话题框架设置为"物有所值"，本质上是在唤醒顾客认知收益的感觉。

（2）顾客对质量敏感

在观察到顾客对质量特别敏感，很纠结质量到底有没有保证时，为达成交易，可选择的助推话术如下所示。

质量真的很重要，迅速坏掉，为之花的钱就全浪费了，您看上的这个产品质量好的原因是……

您买到过劣质产品是吗？这次您放心，肯定不会了！

把话题框架设置为"劣质产品害人不浅"，本质是在唤醒顾客逃离损失的感觉。

(3) 顾客对款式敏感

在观察到顾客在几款产品之间犹豫不定，特别纠结时，为了帮助顾客摆脱选择困境，可选择的助推话术如下所示。

各有利弊，但这一款是您第一眼的选择，不会错的！

拿这一件吧，它最符合您的需求，我保证您不会后悔。

把话题框架设置为"世上没有后悔药"，本质是在唤醒顾客逃离损失的感觉。

(4) 顾客对性能敏感

在观察到顾客对产品性能特别敏感时，也就是说，在顾客不确定产品的性能是不是能满足自己的需要时，可选择的助推话术如下所示。

对您来说，要买的不是鞋，而是更好的运动表现和完全不同的运动体验！

这个性能绝无仅有，真的很棒！

把话题框架设置为"买的不是产品，而是效果"，本质是在唤醒顾客认知收益的感觉。

通过琢磨以上话术实例，大家应该有了一种直观感受：话题框架对话题本身的影响是非常大的，这些逻辑，看起来甚至是"没有道理"的，但确实在我们的生活中无处不在。所有人都逃不脱框架效应的作用，特别是在店铺等半封闭场景中，在导购完全可以主导话题框架的情况下。如果导购不这样做，就等于白白浪费了机会。

这些举例，仅在某种特定情况中适用，对于零售业中的不同场景来说，变化是必须的，可以也应该发展出更多的对话框架。这需要经营者亲自去观察、体会，不能试图用一种套路应对所有问题，否则容易作茧自缚，陷入其中。意识到框架效应的存在，努力在细微中构建自己的框架，才是零售从业者的明智之举。

3.11 视觉对于购买决策的影响
画面感对促进成单来说很重要

一 画面感营销原则

框架效应之外，还有一种类似的话术体系应用，可以极大地提高销售命中率，这就是构建画面感。具有画面感的语言会让人们放松警惕，且画面细节越多，能激发的渴望越多；缺少画面感的语言则类似于纯粹的统计数据，会让人们进入麻木状态，忽视其本来价值。

有一次，我正在思考画面感话术构建细节，老妈突然给我打来电话，说她看到一种治疗儿童厌食的药，对我6岁的女儿——她的孙女非常有用（我女儿和许多孩子一样，一到吃饭的时候就开始磨蹭，愁眉苦脸，平日挑食严重，非常瘦），她想买一些。

听到老妈的计划之后，我的脑海中立刻出现了一大堆问题：这是什么药？是不是某种保健品？干什么用的？会不会有什么副作用？会不会是骗子集团的新产品？……

就在我犹豫不决的时候，老妈补充道，这个药是知名厂家出品，专业机构检测过的，疗效很好，80%的孩子吃了后都明显变得爱吃饭、不挑食了。我对这些广告数据无感，打断了她，说我回头先查一查，再决定买不买。

过了两个小时，锲而不舍的老妈又打来电话，说和她一起锻炼的老太太们都给自己的孙子、孙女买了，并绘声绘色地说："还记得王阿姨家的那个小孙子腾腾吗？就是又黑又瘦的那个小男孩，吃了这个药3个月，现在长高了也变壮了，吃饭特别香，根本不用大人催。"不知是什么触动了我的神经，我听后几乎不假思索地回答道："那先买一盒试试吧，如果吃了有效果，咱们再买更多。"

回想这件事时，我觉得很奇怪，到底是什么改变了我对这种陌生药品的态度呢？

我老妈用了两种不同的方式来"推销"这种药品，给我的感受截然不同。第一种方式，她列举药品的权威认证、疗效数据，但我对这些不以为然，或者说，毫无感觉。第二种方式，她举出我熟悉的例子，我脑海中顿时有了画面感，那个熟悉的又黑又瘦的腾腾大口吃饭的样子浮现在眼前，太有戏剧性了，刺激了我的全部神经，在潜意识里，我不需要数据就能认定这药有奇效了。

这件事让我对构建画面感的重要性有了新的认知，这种过去停留在文案层面的技术一直被忽视，但其实际的影响力自古有之，且从未减弱。可以说，具有画面感的语言描述会极大地影响人们的判断力，甚至改变人们的决策方向。

还记得2.9节中介绍的认知松弛度吗？人们在面对熟悉、真实、清楚示范的事物时，会思维放松，并进而产生信任感。构建画面感的原理就是在人们面前进行描述，让人们迅速回忆起事件的相关细节，让事件变得真实、熟悉起来。这是大脑认知世界的一条捷径，非常省力，而且高效，与需要甄别、分析的数据、比率进行对比，画面的诱惑力太大了。

接下来，我们一起看一看构建画面感的原则和方法，以及其在零售店铺中的应用技巧。

第一个原则，也是最重要的原则：关注细节！

没有细节就没有画面！画面存在于细节中。如果习惯于使用概括性语言，是没有办法迅速构建画面感的，这个问题在受过长期学术教育的人身上表现得尤为明显。

大家有没有发现，越是学识渊博的人，说起话来越容易无趣？这没有贬低高学历人士的意思，只是陈述这种普遍存在的现象。为什么会出现这样的现象呢？因为学识渊博的人喜欢数据，喜欢逻辑，喜欢概括性语言，他们能用最简单的语言，归纳最完整、最全面的信息。

然而，构建画面感的关键点恰恰相反，构建画面感不需要概括、简单，需要的是用点滴细节引出回想。举个例子，当你希望用语言构建秋日落叶的画面感时，不需要说时间、说地点、说落叶的面积及种类，只需要说"一片蜷缩的枯黄叶子在砖块路面上随风滚动，混入刚清扫完毕的落叶堆中，再无踪迹"，这种描述，会让人们的脑海中很自然地浮现与秋日落叶有关的全部场景。

第二个原则：力求精确！

对于模糊的、边界不清晰的事物，人们是很难产生画面感的，这是由人类的视觉特点决定的。看到一件事物时，我们往往会先关注这件事物的边界，再以此为依据，勾勒事物的形状、大小、样貌。头脑中的画面呈现过程与之类似，精确的、有边界的信息，会更容易让人们想象出事物的样子。

比如，天边有一朵云，你看到了它，准备为你的朋友描述它。第一种描述：请想象一下，云的里面有一大块水汽；第二种描述：请想象一下，云的里面有一头大象。

哪一种描述更有画面感呢？很显然，第二种描述。第一种描述是说出了一个物理常识，云的里面的确有一大块水汽，但听者实在很难想象出水汽的样子。而第二种描述，常识告诉听者不可能发生，不管什么云，里面都不可能藏着一头大象，但是听到这种描述，很多人眼前会浮现出藏着大象的云，因为大象比水汽更精确、更有边界。

第三个原则：唤醒印象！

印象，是接触过的客观事物在人的头脑里留下的迹象。产生过印象，头脑里就会有相应的画面，想起目标画面，只需要像计算机读取数据那样，调出过去的画面，而不需要重新绘制。这是构建画面感的最方便的情况，也是很多营销机构在研究的。

很多旅游城市在自身营销过程中，会挖掘一些普遍被人们所了解的文化碎片，来设计"桂林印象""西湖印象"等文化产品，让人们提起这些文化产品，就会想到对应的城市，进而自然地构建有关那座城市的画面，增加对那座城市的喜爱和向往。可以说，印象是记忆碎片的一种，有"熟人带路"的作用，由已知拓展未知。利用印象构建画面感，是非常重要的销售方法之一。

许多人觉得，在导购的销售话术中，构建画面感并不是必要的，因为导购在推销和服务时，通常会和顾客一起面对商品，商品和陈列本身就是立体画面，没有必要再去构建另一个画面。

这种看法是错误的。其错误之处在于，顾客购买商品，不仅是购买商品本身，还是购买使用商品的过程和结果。借用美国营销大师菲利普·科特勒的一句名言："顾客在建材工具店购买的不是钻头，而是墙上的洞。"因此，导购需要给顾客构建的，不是商品本身的画面，而是顾客在使用商品时，心满意足、爱不释手的画面！

根据以上3个原则：关注细节，力求精确和唤醒印象，我们可以有步骤、有策略地进行画面感营销。

二 画面感营销案例

我们用一个案例来演绎这个过程。

一家户外用品商店来了一个顾客，想选购一双适合自己的登山鞋。这个顾客对登山鞋毫无概念，只是因为近期要和朋友去爬山，才想到了需要在装备上有所准备。

进入店铺后，这个顾客在登山鞋区域转来转去，把墙上的鞋拿起来又放下，在自己脚上比了又比，把鞋子的里里外外看了又看。

很显然，这个顾客是有购买目标的顾客，他需要的是及时的服务。导购很快来到他身边，很礼貌地寒暄，问他想选什么类型的鞋子。当这个顾客说自己想了解一下登山鞋时，导购立刻知道了，这是一个运动初级顾客，还是登山运动的门外汉，如果此时直接给顾客介绍登山鞋的种类、级别、参数，无疑会吓到顾客，很可能会起反作用，让顾客望而却步。导购很有经验，首先询问顾客打算在什么场景中穿登山鞋。

"您是打算去登山吗？为此准备一双合适的鞋子？"

"嗯，我下周要去爬山，打算买一双登山鞋。"

第一步判断需求判断得很准确，继续深入话题。

"下周啊？那很快了。新鞋子需要适应，不然会磨脚，还可能受伤。"

"嗯，我也是顾虑这个。之前一直没时间买，现在看来，买了可能也不好穿，或许穿我过去的跑步鞋更好。"

顾客的回答方向似乎与导购的计划不一致，这个时候，没有经验的导购很可能会硬碰硬，说一些"不会啊，我们的鞋子不磨脚"这样的话。案例中的导购很有经验，也很有耐心，她继续明确顾客的需求。

"请问您是打算爬什么样的山呢？如果是城南公园里的那种山丘，确实不用买专业的登山鞋，穿普通跑步鞋就可以了。"

"当然不是，那怎么能叫爬山？我要和朋友去青海，具体什么山还不太清楚，但挑战应该不小。"

"这样的话，确实需要一双专业登山鞋，从防水性、抓地性、对脚踝和脚跟的保护等方面说，专业登山鞋是普通跑步鞋不能比拟的。"

"你说得有道理，的确需要专业点的装备。"

顾客的需求基本被锁定，接下来，目标商品要闪亮登场了。

"您可以看一下这双鞋，A-15，专门为轻度登山爱好者设计。它使用了全新的面料工艺和全新的鞋底设计，只需要大约3个小时的熟悉，就可以完美贴合脚面，不会磨脚，特别适合您。您买了之后，只需要每天穿着它走走路，周末就可以毫无顾虑地去青海了。"

"看起来不错，多少钱呢？"

"最近做活动，原价1800元，打折后1250元。"

"这么贵啊？"

很显然，顾客被价格吓到了。导购知道，已经到了销售的攻坚阶段，稍有不慎，就会前功尽弃。是时候带领顾客进入画面了。

"先生，专业登山鞋和普通跑步鞋不一样，用料和做工都更讲究。毫不夸张地说，虽然价格是普通跑步鞋的两倍到三倍，但绝对物超所值。"

"会有不同吗？"

"相当不同。您肯定看过朋友去登山的照片，或者电视中旅友登山的场景——道路泥泞，碎石遍地，身后是苍茫的雪山，远处是连绵的白云。旅行者都穿戴特殊的装备，背包、服装、鞋子，都是专为登山打造的，充满了野外求生的刺激感，这个时候，如果有哪个人穿着一身休闲服、一双普通跑步鞋，肯定会特别突兀。"

"这个确实有道理，在那种地方，装备必须专业一点啊。"

看得出来，顾客已经被带入了对场景的想象中。

"只是看着专业是没用的，还要有专业的表现，比如我们的X-Cool鞋底设计，每双鞋子都有8个主钉和16个辅钉，用来在泥泞的、布满碎石的山地上行走。路面泥泞是山地的常态，X-Cool的特点是'遇石不垫脚，遇水不打滑'，您穿着这双鞋子在山地行走，每一步，都能体验到安全和舒适。"

"哈哈，就像乘坐越野吉普？"

"没错，就是那种感觉！您已经进入状态了，相信您的登山之旅会非常愉快。"

"但愿吧，哈哈，那帮我拿一双42码的鞋吧。"

以上这段话，导购融合了细节（泥泞的碎石山地）、精确（8个主钉和16个辅钉）和印象（朋友去登山的照片或电视中旅友登山的场景），为顾客构建了完整的画面，顾客虽然还没有购买目标商品，但已经在想象的场景中穿着目标商品开始体验了。

构建画面感，对于导购、店长，甚至是零售经理而言，都是非常重要的，可以通过率先把画面植入顾客的头脑，让顾客体验需求被满足时的状态，从而自动、自发地产生购买意愿。这种思路，指向行为经济学研究和主张的零售本质——通过某种要素和行为的激发（助推），让顾客自动走向收银台，获得商品的长期价值，实现顾客与店铺的双赢。

04 第四章

用行为经济学的原理重建零售团队

在和团队管理、组织经营有关的学科中，行为经济学是一门年轻的、开放的学科，有着非常"不严谨"的学科面貌。但正因为如此，这门学科在探索"边缘领域"的过程中，发现了营销学、管理学、组织动力学等学科无法用已有工具触及的领域，其在这些领域的探索，对于重新建立管理标准、重新塑造管理模式有重要意义。这种探索，在某种程度上决定着零售的方向和质量。

探索的成果充满未知和神秘，仿佛某种宝石散发的光晕。行为经济学致力于此，试图找到尚未发现的原理，识别符合这种原理的现状，改善零售世界的当下与未来。

4.1 零售团队的表层目标与底层目标
生存是组织的第一目标

一 目标的本质

在存在之初，零售业就是目标导向的。

在古代社会，渔夫出海归来，在集市上卖鱼，摊开毯子之前就确定了当日的目标：卖光当日打来的所有鱼，或者预留几条回家吃，卖光剩余的所有鱼。

后来，渔夫有了更大的船，招募了水手和助手，帮助他经营卖鱼生意，目标从个体目标变成集体目标，从家庭目标变成团队目标。

可以说，目标，是商业经营的天然属性，是不用强调就印刻在每一个经营者头脑里的东西。

在这里，让我们思考一个问题——如果说目标是商业经营的天然属性，那么，店铺的目标和团队的目标是不是同一个目标呢？

按照大多数零售公司的说法，店铺的目标是业绩达成，业绩达成符合公司的总体战略，团队是公司总体战略的重要支撑，因此，团队的目标自然是业绩达成，与店铺的目标一致。这种说法正确吗？

我和许多店长进行过交流，他们给我的反馈是，团队目标包含业绩达成，但不仅仅是业绩达成，还兼顾着更多的目标，比如团队生存、团队成长、团队满意度达标等。

以上答案过于官方，丢失了很多有趣的细节。我现在回忆一些店长的原话，争取让这个问题的答案更立体。

"完成上级给的各种任务和考核，不只是业绩。业绩只是一个方面，还有神秘顾客打分、带教完成率等。"

"这个团队是我带过的最好的团队，我希望大家一直在一起。我知道这很难，铁打的营盘流水的兵，但我希望大多数人一直在这里，像在家一样。"

"我希望每个人都能快速进步。这毕竟是个小店，能力提高了，就能到更大的店铺去一展拳脚。"

"最近同事之间有一些争执，感觉挺难受的。希望彼此之间能多一些信任和理解，毕竟每天醒着的大多数时间在工作，工作不舒心，人生多悲哀啊。"

"希望公司多组织培训，多策划外部活动，扩大影响力。我父母总觉得我的工作不稳定，怎么给他们讲他们都不听。他们总唠叨说隔壁家的×××又去参加培训了、又去参加全家乐活动了，每次听了心里好烦。"

"最核心的是业绩完成，业绩完成了，每个人的小目标才有机会实现，不然都是空想。业绩超额完成了，才能向经理争取更多的资源。"

……

大家可以看到，店长在非官方状态下回答这个问题的时候，团队目标是多元的。不同的零售团队，有不同的欲望和需求。这些欲望和需求，是主流经济学不会探讨的，无论是在哪个理论中，人都是相对简单的生产要素，其内在的复杂想法不会被考虑。而在行为经济学的框架中，人的欲望和需求是必须被考虑、被细化、被解构的，这里面藏着大学问。对这些问题的探索，会最终导致团队的成功，或者失败。

我们承认，即便是在行为经济学的框架中，业绩目标依然是团队目标绕不开的核心，但如果只考虑业绩目标，团队就无法高效运转，甚至有可能迅速解体。

团队自身的存在，往往是业绩目标之外，团队最重要的目标。这个目标有时候甚至不会出现在团队成员的脑海里，只是以群体潜意识的形式深埋在团队成员的心中，在有什么突发事件危及团队生存的时候突然冒出来，充当士兵或警察的角色。当一个团队有解散风险的时候，团队的领导，以及团队资深成员，往往会最先警觉，召集大家一起探讨解决方案，力求化险为夷。

注意，团队是由个体构成的，每个人都有自己的需求，特别是那些比较年轻的个体，在挣取维持生活所需要的每月薪水之余，都会渴望成长。即使是那些口口声声说要"躺平"的"00后"，也大多希望能够进化出"躺平的实力"。

许多人不会明确地提出他们要培训、要机会、要成长，这只是因为他们没有相关的词汇和概念，并不代表他们没有相关的需求。当团队成员在日常工作中完全感受不到这些"成长要素"时，潜意识里会有深深的惶恐感和无力感，这会表现在他们的日常工作中，还有那些负面、消极的感觉，甚至很可能会被他们传递给顾客。

融洽的团队关系，能在很多时候起到意想不到的作用，特别是在年轻人居多的群体中，理想主义天然地盛行。团队内部情谊深厚，彼此之间关系融洽时，成员心甘情愿地为团队付出，忍辱负重，甚至无条件为团队奉献的情况并不少见。反过来，团队内部关系紧张，彼此之间兵戎相见时，即使团队前景光明，依然会出现成员脱离，甚至背叛团队的现象。零售团队往往是由年轻人组成的，相比于推崇理性，年轻人往往更依赖感性。这可以用禀赋效应解释，人们会把自己拥有的东西看得比没有的东西重要，年轻人的感官很灵敏，情感很充沛，但理性分析所依赖的经验和数据很匮乏,自然而然地,他们会觉得理性并不重要,因为"不够诗意",而感性非常重要,因为"打动心灵"。

对这个问题建立清醒的认知,有助于帮助团队拥有更融洽、更紧密的关系。

还有一点经常会被人们忽视,但从行为心理学的角度出发,是一个非常重要的因素——团队成员在社会上和家族里是否被认可。当团队成员日常被问及"你在哪里工作"时,如果他们感到尴尬、难为情,并刻意回避这个问题,那么情况是非常糟糕的,这说明团队背靠的公司打造的品牌和外部氛围不足以支撑团队成员的荣誉感。在这种情况下,如果公司还是大谈特谈公司业绩和个人发展,属于痴人说梦。

二 目标的解构

有核心的团队目标分解图如图4-1所示。

图4-1　有核心的团队目标分解图

接下来,我们结合图4-1,谈一谈作为团队管理者(领导者),应该如何实现这些团队目标。

业绩达成是最初的目标,也是最终的目标。这句话的意思是,在团队建成之初,其人员设置、相互关系、文化基调等,都是围绕着业绩达成进行的,比如,我们要实现月度销售100万元，需要搭建10个人的团队；要实现月度销售200万元，需要搭建20个人的团队。不过，在团队努力实现业绩目标的过程中，会遇到许多其他的问题，比如团队生存问题、个人成长问题、成员关系问题、社会认可问题等，这些问题都得到妥善解决，才能开辟出业绩达成的康庄大道。

我们要清醒地认识到，业绩达成是团队的建成理由和最终归宿，是谋取资源的初衷和验证团队成果的依据，但在管理团队的时候，我们需要一些辅助手段——行为结果目标。这些行为结果目标同样是团队发展过程中不可或缺的组成部分，并且，这些行为结果目标有着更多的行为法则，以及团队领导者最需要的行为抓手。

（1）团队生存

让更高层的领导知道团队正在做什么，这是团队保证自身生存的第一要务。这听起来有些官僚，但对于任何团队来说都是不可或缺的。团队不是大学社团，团队是组织的一部分，组织只有在充分了解团队功能、团队概况、团队困境的情况下，才会给予团队足够的资源和养分。许多尚未意识到这一点的管理者会在团队其乐融融且业绩不错的情况下发现团队被解散或并入其他团队，这无疑是非常难以接受的，殊不知问题在团队管理者本人身上。因此，用不同的形式在高层领导和利益相关者面前提高存在感，是团队的日常事务之一。千万不要把这些事情当成想起来才做，想不起来就可以不做的"边角料"，而要把这些事情列入团队工作日程，培养团队中的每一名成员随手宣传的意识和证明自我价值的能力。在行为经济学的视角里，行为本身就是价值。

如果说"向上打开视野"是团队生存的根基，那么，"价值观一致"就是团队生存的枝叶。每个团队都有其自身的独特价值观，这个价值观和组织价值观协同，但不完全一致，明确这个独一无二的价值观，才能有效地管理团队。

举个例子，在零售一线，有些团队的文化比较张扬，鼓励表现和分享，成员的每一单销售都会赢来喝彩，在这种情况下，让新员工了解团队文化，认同团队文化，进而融入团队文化，让资深员工爱上团队文化，主动推广团队文化，就是价值观管理的关键所在。价值观是看不见摸不着的东西，却有着很强的影响力，忽视它，会让团队面临严重的生存威胁。

(2) 个人成长

对于比较年轻的零售团队来说，这可能是最"接地气"的目标之一。无论是店长还是店员，很少有人会把零售工作当成终身的工作，他们大多很清楚，也很自信地认为，这是他们成长道路上的一段经历，能帮助他们实现理想，他们就会在这段经历上多投入些时间；不能帮助他们实现理想，他们就会毫不犹豫地择机离开。

培训是高层领导听到"成长"二字时最容易想到的，因为培训很简单，一个电话就能安排。但对于年轻人来说，培训的优先级可能只能排在第二位，甚至第三位，在他们心中排第一位的，是有意义的体验，即通过工作，遇到不同的人，经历不同的事，从而开阔眼界、积累资历，让自己迅速成为"有故事"的人。注意，"有故事"这3个字在年轻人群体里是有魔力的，当你承诺他们会帮助他们成为有故事的人时，他们的眼睛会放光，而且他们会用自身的努力，帮助你成为一个优秀的领导者。

及时的辅导也是年轻人非常看重的。给他们组织10场培训，不如给他们找一个靠谱的教练。只要这个教练能时不时地教他们一些真才实学，他们会非常感激这个教练，以及聘用了这个教练的团队。

当然，培训也是个人成长所必不可少的，不过因为离开学校并没有多久，很多年轻人对传统教育有着习惯性的抗拒。在培训开始之前，最好叮嘱这些年轻人，培训的内容是成长的必需，是系统的知识和技能，对他们的帮助不止在眼前，更在几年后的未来。只有当员工意识到培训的长期价值，才能高效地吸收培训知识，提升能力和见识，见识提高了，他们才能更加明确培训的价值。对于个人来说，这是一个良性循环，对于团队来说，这是一个螺旋上升的过程。

（3）关系融洽

和谐融洽的团队关系，是团队中的很多人所追求的。若团队中的某些成员曾身处冲突不断的团队，会对这种"价值福利"更为看重。良好的氛围不仅能够提升团队的执行力，还能做到很多科学管理所无法做到的事，比如适度加班而不降低员工满意度、分工不均而不发生争议和冲突。

使团队关系更为融洽是一个复杂工程，可能需要用一本书的篇幅来讨论，我们这里只简单地提出几点，供读者思考。更多更好的方法，读者可以自行学习和创新。

有一句话说，没有什么问题是吃一顿火锅解决不了的，如果有，那就吃两顿火锅。这句话的关键不是吃火锅，而是一起吃饭。对于信奉民以食为天的中国人来说，共同进餐有着非同寻常的价值，这意味着他们可以谈一些工作以外的话题，拓展非工作性质的交往。在后面的章节中，我们会讲到，在行为经济学理论中，一起吃饭会冲淡同事心中市场模式和社会模式的界限，让大家愿意为团队做更多的情感付出。

在东方人身上，这种倾向更为明显，只有当他们觉得彼此的关系不限于工作关系了，工作中才会更放松、更愿意分享，也更乐意担当。因此，经常组织团队聚餐是有好处的，即使在团队初建时有人会抗拒，抗拒的人也大概率会在几次美食之旅后，被味蕾带领着进入团队，在情感上融入团队。

小道消息是团队关系的蛀虫，小道消息传播者对团队的伤害比懒汉大得多。在八卦频出的氛围中，团队成员会逐渐变得风声鹤唳，人人自危，大家都会担心自己成为团队中下一个八卦笑料的主角。作为团队的管理者，要及时阻止这种情况的蔓延，注意，不要严厉批评，那样可能有严重的反作用，只需要漠视，并明确告知传播者，这种信息在团队中不受欢迎，小道消息就会越来越少，逐渐淡出团队话题。

另外，永远不要忘记加强沟通，这是团队关系融洽的基础。在工作场景中，沟通越多,彼此的关系越融洽。多问问对方想要什么、是否达到了目标、自己做些什么能帮到对方……这些简单的沟通往往能起到神奇的效果,不妨一试。

(4) 外部认可

亚里士多德在他的著作《政治学》中提到,人是社会性动物。这句话看起来非常简单,但对于各行各业来说,都有着更深层的意义及可探索空间。人是社会性动物,意味着人不仅在意自身的物质需求,也在意社会评价。一个团队能够获得社会认可,对团队成员来说,无疑是一种重要的自我实现。

什么样的团队能够获得外部认可?

首先,有强大生命力和战斗力的团队最容易获得外部认可,这表现为团队的高产值及对成员的优待。一个年薪百万的人,即使他所属的团队从未有人听说过,人们也会对那个陌生的名字肃然起敬。对于普通人来说,团队经常发放产品优惠券、节假日福利,在旁人看来,就是组织生命力的体现。意识到金钱的"外部性"并主动加以挖掘,能够让投资变得更有价值。简言之,不要简单地"发钱",把现金转化为现金等价物,让员工身边的人看到,等于是在帮助员工提升自己的社会认可度。

其次,活跃的、时刻散发积极气息的团队更容易获得外部认可。人们喜欢自己熟悉的团队,会给自己熟悉的团队更高的认可度,所以,较高的曝光度是非常有必要的。除了团队活动,工作中的阶段性成果、里程碑,也可以作为曝光素材展示给大众。千万不要觉得这只是广告,甚至在道德上略感愧疚,觉得要求员工用个人空间无偿宣传组织是不合理的。如果员工不愿意宣传组织活动或者组织成果,唯一的原因是宣传素材粗制滥造、格调不够。

最后,内部凝聚力越强,越容易得到外部认可。当人们看到一个松散的、内部成员彼此嫌弃的组织时,会自然而然地一起嫌弃、否定这个组织;而当人们看到一个紧凑的、内部成员彼此信赖的组织时,通常会格外重视、心生向往。当然,这里所推崇的高凝聚力组织是那种发自内心的高凝聚力组织,而不是类似于非法传销机构的有表演性质的"高凝聚力组织"。

读到这里,大家应该能理解了,零售团队的目标不只有业绩达成一项,团队生存、个人成长、关系融洽、外部认可,都是团队目标的重要方面,忽视了这些,团队会走向迷失,甚至解体。

但与此同时,不得不提的另一点是,如果只关注这些方面而忽视业绩达成,团队也会变得很奇怪。异化的团队是无核心团队目标的,如图4-2所示。

图4-2 无核心的团队目标分解图

在图4-2中,业绩达成这个核心完全被另外4个目标挤压、侵占。这在政府、大学等非业绩导向的组织中是可能存在的,因为特殊的所处环境和价值产出关系,这些组织缺乏业绩目标也没有什么实质性的问题,但在零售业,这显然属于被异化的目标体系,会造成团队不可避免的溃败。

理想的零售业团队目标,是以业绩达成为核心,带动另外4个目标协同实现的,既不能一家独大,只顾业绩,也不能舍本逐末,只顾其他。这是团队领导者必须时刻思考、实事求是、认真复盘的。幸运的是,我们拥有行为经济学这个视角以及诸多工具,可以窥探团队中个体的内心世界与其行为的关系,并以此为基础,制定最有效的管理策略。

这一章节稍显絮叨,是因为这一部分对于管理团队来说是最重要的部分之一。管理者在面对千头万绪的关系和时刻变化的环境时,几乎没有万能的技巧和方法可用,但有一点可以作为破解难题的钥匙,那便是对目标的清醒认知。可以说,管理五大目标，就是管理团队本身；实现了五大目标，就实现了团队价值。

4.2 行为经济学视角的规则
是进行时视角，还是完成时视角

一 无处不在的规则

商场中总有一些约定俗成的规则，我们不知道这些规则是谁制定的，也不清楚这些规则的使用范围，但我们知道不能随便质疑这些规则，否则会被当成外行，甚至被笑话。

比如扶梯规则，不知道从什么时候开始，许多商场管理者认为，扶梯的存在不是为了让顾客更方便地上下楼，而是为了让顾客更长久地逗留，进而有机会光顾更多店铺、购买更多商品。

在这种意识的指导下，商场的双排扶梯被设计成逆向而行的扶梯，也就是说，顾客想借助扶梯下楼，每下一层，都必须绕过整个扶梯装置，才能继续下行，上楼也一样。更夸张的是，有的商场管理者把这种意识和节约成本的意识合二为一。我去过一家商场，面积不小，但每层只安装了一部扶梯，且扶梯不是上下层叠的，而是单双层对角设置，一层上二层的扶梯在最东边，二层上三层的扶梯在最西边，三层上四层的扶梯又在最东边，如果顾客从门口进入，想从一层坐扶梯上到四层的同一位置，至少需要绕着商场行走一圈半。这已经不是购物机会多还是少的问题了，先关注一下顾客的怒气值吧！一次被当猴耍是运气不好，两次被当猴耍，就是智商有问题了。

又如微笑服务，这可能是存在时间最久的商场服务礼仪之一。在计划经济时代，就有微笑服务的提法，进入市场经济时代后，要求越来越严格，对笑起来露几颗牙、上下嘴唇之间的距离应该为多少等，都提出了量化标准。如果那个时候已有人工智能，可能真的就没有真人导购什么事了。

可惜的是，这些确定微笑服务标准的人并没有继续探索，也没有对微笑服务与业绩提升幅度的关系进行量化研究。如果有这样的研究结果，相信微笑服务标准会与目前的相关标准有区别。

我本来对于微笑服务的作用是深信不疑的，毕竟从常识出发，微笑能使人愉快，顾客愉快了，也就满意了，顾客满意了，才会有下一次光顾。但是当我有了一段经常去中国香港菜园街购买摄影器材的经历后，我对微笑服务的作用产生了怀疑。

菜园街摄影器材店的导购大多是上了年纪的男性导购，他们习惯于一本正经，不苟言笑，猛一看，甚至会觉得他们不喜欢顾客。但面对顾客提出的任何问题，他们都会做出准确、细致的解答，顾客能在最短的时间里得到自己想要的信息，满意度和购买率都相当高。所以，顾客在意的到底是什么呢？是微笑却迷茫的脸庞？还是到位又专业的服务？

再如座椅摆放规则，商场里的座椅是常年不变的布局和设置，其布局和设置思路是有些边角地带实在租不出去，又没有办法放置广告牌，不如摆放一些椅子。至于椅子数量为多少，由可用面积定；椅子样式怎么选，由周边环境定；椅子舒适度怎么调，什么？椅子还要舒适度？怎么不回家坐沙发呢？在商场设计者眼里，顾客来商场是购物和消费的，不是休息和闲坐的，只要顾客把钱留下，把货拿走，舒不舒服不重要。

这种理念，催生了旺盛的商场咖啡厅生意。遗憾的是，受竞争协议影响，商场无法在各处开满咖啡厅，大多数顾客看到星巴克里面人满为患，连站立的位置都没有时，只能一走了之。

我们做过一项行为调查，调查结果显示，将通道中有休息座椅的商场与通道中没有休息座椅的商场进行对比，顾客停留时间平均多30%，这是一个非常可观的数字。座椅的舒适度对于顾客在店时间也有显著的影响，更舒适的座椅会缓解顾客的疲劳，让顾客有体力和精力继续在商场里闲逛；不舒适的座椅会加深顾客的疲劳，让顾客急切离店。

遗憾的是，因为几乎没有顾客会主动跑去商场的招商办公室提出增设休息座椅的要求，所以商场的管理者们从来不认为这是一个问题。不得不承认，很多购买力和购物欲都很强的女性顾客并不介意在商场中东奔西走，只是她们的另一半往往会成为她们逛商场最大的阻力，如果没有一个能半躺着、舒舒服服玩手机的地方，这些"阻力"会想出各种各样的理由绕开商场，比如腿疼、腰疼、头疼、空气不好……

如果放开写这些约定俗成的规则，我大概能写上百个；如果有机会在某大型商场管理层中组织一场头脑风暴，我相信能征集到近千个。这些规则大多有其形成的历史原因，不能一票否决，在特定的环境和时间，或多或少，它们发挥过一些作用。至少，别人都在做的事，我们跟着做，会有很大的安全感。

只不过，正如我们提到的这些例子，这些规则在面对如今的市场环境时，所呈现的状态是日渐衰老。它们不是突然过时的，而是一天比一天更加不适用。这种现象让我不得不思考，在团队管理中，规则到底是怎么一回事？我们应该如何制定规则？如何执行规则？

二 规则的本质

规则，是规定出来供大家共同遵守的制度或章程。这里面有一个核心问题，即谁规定。在公司，通常是团队最高领导规定，无论规则的内容是征集来的还是外部借鉴来的，要有最高领导授权，规则才会生效；在游戏中，通常是参与者彼此协商，达成一致，任何一方不认同规则，游戏就无法进行；在市场上，规则表现得更加复杂，没有人能够决定一切，再完美的规则，也有可能遭受市场的质疑和挑战，最终的规则，往往是多方长时间磨合、妥协而成的规则。

综合以上内容，我们尝试给"市场规则"一个定义，在没有更好、更科学（行为经济学通常反对绝对化）的定义之前，我们姑且用它：市场规则，是市场参与各方根据自己的利益，长时间磨合、妥协的结果。

根据以上定义，我们可以得到两个结论，如下所示。

结论一：在市场中生存的团队，需要理解、熟知这些规则，并利用规则谋求自身的利益；

结论二：在市场中生存的团队，会根据自己的行为和意图，参与并改变规则的制定。

接下来说说团队规则。与市场规则类似，团队规则不是自上而下的东西，也不是自下而上的东西；不是一成不变的东西，也不是变幻莫测的东西。制定规则，是一种时刻发生的博弈。这不仅是理论，这是实际在我们的组织和团队中发生的事情，理解它，对于我们改善团队的文化韧性、提升团队的制度效力有很大的帮助。

注意，理解规则比使用规则要困难一些，困难点在于，我们通常所使用的规则，是由规则、潜规则、元规则3个维度构成的，它们共同决定了规则的表现形式与规则的变化趋势，如图4-3所示。

图4-3 规则的维度

图4-3告诉我们，元规则是最底层的规则，即制定和决定规则的规则。通俗

地讲，元规则是规则背后的价值取向。

元规则设计了规则，目的是应对现实世界。但规则并不足以应对现实世界，总会有各种各样的漏洞需要修补。修改规则非常麻烦且缓慢，为了世界能够正常运转、不中断，元规则又设计了潜规则，或者，更准确地说，在元规则的默许中，秉持着元规则的精神，潜规则应运而生。

这种纯理论的描述不好理解，我们用一个实例来说明。

A店是社区购物中心里的一家服装店，其商品的主要目标受众是社区内和社区周边的中老年女性消费者。王芳是A店的一名资深导购，业务能力强，性格开朗，为人热情，店里的年轻导购几乎都是她带教的。而且，王芳本身就是周围一个小区的居民，人缘好，群众基础广泛。长期以来，王芳占据着店铺业绩50%的销售份额，对店铺业绩在全市所有店铺中名列前茅立下了汗马功劳。公司驻这座城市的零售经理多次开诚布公地讲，正常情况下，A店的业绩不会这么好，几乎有30%的超常营业额是王芳凭一己之力创造的。

最近，王芳遇到了一个麻烦，她母亲的腿摔伤了，她需要每天抽时间去照顾，而且，这不是短期的事儿，需要3~6个月。公司的考勤分早晚两班，但无论王芳上哪一个班次，都要缺勤至少2个小时。

按照公司的规章制度，王芳只能离职，但综合考虑业绩、团队发展、同事情谊，店长非常希望王芳留下，哪怕一天只上班几个小时也好。

店长和零售经理私下沟通后，经过团队全员同意，每天给王芳的排班减少2个小时，但按照全勤计。

毫无疑问，这是个不合法规，但合乎情理的操作。我们暂且不评论这个实例的对错与利弊，仅分析其表现出的底层逻辑。对应图4-3，规则是按时上下班，按公司规定打卡考勤和请假，但在现实世界中，遇到王芳要长期脱岗照顾母亲这种情况时，两者是无法兼容的。服从规则，意味着要改变现实，于是，出现了规则之外的"规则"，即私下允许王芳每天脱岗2个小时。这违反了规则，但与现实世界兼容。注意，无论是规则，还是规则之外的"规则"，都没有违反元规则。

这个实例中的元规则是什么呢？是最有利于团队目标实现的规则——业绩达成、团队生存、个人成长、关系融洽、外部认可。

可以看到，王芳在岗有利于业绩达成，且大家对这位前辈的接受度很高，这种"违规"不会影响团队生存；在对新人的培养和带教方面，王芳的存在会加速其他员工的个人成长；在关系融洽方面，因为这个特例，团队成员会觉得店长是个体恤下属、通情达理的人，会对团队有更多的信赖；至于外部认可，并不会因为王芳被照顾而降低。

王芳的实例反映的是组织规则在现实世界中的真实表现，可能大多数情况不会如实例这样戏剧化和特征明显，但逻辑构成是相似的。

元规则是价值观，是出发点，是我们做一件事的初衷。为了让事情有序地推进，我们制定了各种规则，但在面对现实世界时，总有各种漏洞，潜规则随之而来，进行补位。

用行为经济学的视角对组织规则进行"保护""辅助"，甚至"发展"时，不是像教廷卫道士那样强硬地捍卫规则，抵御任何人对规则的攻击，而是适度地置身事外，站在整体的角度反省元规则、观察规则、洞悉潜规则，并把潜规则循序渐进、见缝插针地转换为规则。

这让我想起了我读高中时历史老师说过的一句话："人们聚集之初，遵守的都是潜规则，后来，都变成了规则，但永远有潜规则存在的空间。毕竟，我们面对的是一个不可预测、不可掌控的未来。"

目前，人类社会普遍存在一种更为理性的认知，即不再相信世界上的任何规则是完美的、板上钉钉的、无懈可击的，认可规则并不是为了存在而存在，而是为了帮助人们实现某种最根本的目的而存在。

我们在经营一家公司、一个店铺，管理并领导一个团队时，需要时刻牢记这一点，并使之成为团队中的基本常识：规则是为目的服务的，而不是反过来，目的为规则服务。所有人都需要时刻做好更迭规则和潜规则的准备，这种意识的存在，决定了我们在面对现实世界时，变化得可以有多快。

4.3 看不见的领导力
店员普遍觉得领导很好当，但普遍不胜任

我们知道，对于团队来说，团队领导者的能力能够在很大程度上决定团队的产出效率。尤其是在服务业中，优秀的领导者带给团队的收益更为明显。

但是，稍加注意便会发现，大多数人，包括团队内部人员和外部利益相关者，是无法识别领导力的真正表现的，即人们只是知道与领导力有关的一些大而全的概念，比如使命感、责任感、内驱力、执行力等，但落地到具体的团队、具体的情境中，普遍对领导力的表现缺乏认知。领导力仿佛被某种神秘力量所遮蔽，人们看不清它的真实面貌。

有一次，我在店铺里遇到了一位正欲离职的店员，询问后得知，她已经在店里工作5年了。这样一位资深元老，为什么要离职呢？为什么一直没有得到升迁呢？带着这样的疑惑，我和她进行了一次深入的交谈，得到了有关这件事的详细信息。

这位店员很健谈，对公司业务和销售技能非常了解，工作起来游刃有余，也乐于把自己的经验传授给店铺新来的小伙伴，店铺上下对她赞誉有加，十分依赖。让她决心离职的导火索是她所在店铺的店长被调离后，店长位置空缺，她本以为顺理成章地应该由自己来担任店长，没想到，零售经理选了另外一位才工作3年的导购担任店长。她觉得那个人暗中贿赂了零售经理，才导致自己的"失败"。

听后,我问了她一个问题:"你认为担任店长最主要的能力要素是什么?"

她思考了片刻,回答:"经验丰富,熟悉店铺,有良好的表达能力和沟通能力。"

我让她再想一想,回忆参加过的培训、读过的书,看还能不能补充别的要素。她想了想,补充了几点:"能说会道,督导来了会招待,用几句话让督导放心;新同事来了会鼓舞,用几句话让新人乐于工作。"

我意识到了,在这位店员的认知中,店长应该拥有的能力要素全部来自店长在她面前表现过的特质。也就是说,她只关注到了店长外显的、能够被人所看见的能力要素,虽然这种能力要素只占店长所有能力要素的10%。这10%的店长能力,竟然被有抱负的下属认为是100%,即全部。

在行为经济学中,有一个概念为"近大远小",也被称为"透视效应",就是对上述实例中的情况的概括——人们普遍会高估看得见的事物的重要性,而轻视看不见的事物的重要性。受透视效应的影响,很多人会找错努力的方向,或者辗转反复,浪费时间和精力。

如图4-4所示,大多数店员看到的店长能力,只是浮出水面的那一部分。

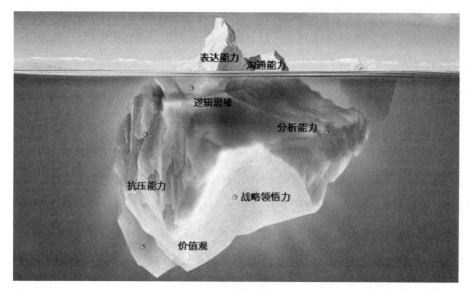

图4-4 冰山能力图

最糟糕的是，很多力争上游、肯沉下心来学习的店员，将学习、提高的重点确定为冰山露出水面的部分——沟通能力、表达能力，而对于冰山位于水下的部分（逻辑思维、分析能力、抗压能力、战略领悟力、价值观）完全没有概念。这对于团队的成长和稳定是非常不利的。

团队的建立者和管理者，有必要帮助团队成员认清领导力所包含的全部要素，或者，至少是组织公认的关键要素。这一方面可以帮助有志于走管理路线的员工找到方向和方法；另一方面可以减少团队上下级之间的对立，让心有不服的员工意识到自己的领导所承担的那些隐性的、不为人所知的责任和挑战。

接下来，我会对冰山位于水下的部分进行介绍。对于零售从业者提高领导力而言，这显然是更为重要的5个维度。

（1）价值观

团队领导者的价值观，在很大程度上决定了他会生存在什么样的组织中。换一种说法，组织大概率会选择和它拥有一样价值观的领导者，这偶尔出现偏差，但彼此融合一段时间，比如半年、一年，双方的价值观会逐渐趋于一致。价值观不是挂在墙上的口号，也不是店长开晨会时引用的名人名言，价值观是领导者在面对不同问题时的相同选择。

之所以说是相同选择，是因为人们的价值观远比人们认为的稳固，如同人们的理性远比人们认为的脆弱。有店员提出违反公司规定但能创造更高价值的建议时，店长的选择是倾听并支持店员，还是阻吓店员，坚决不允许这样的事情发生？这种选择，即使情境不同、具体事项不同，在同一位店长那里会有相同的答案，因为这种选择的动力来源是其内在的价值观。

在一个组织中，团队领导者所秉持的价值观，是可以通过观察识别的。而价值观培训，是新员工培训时必要的课程之一。这种价值观培训，绝对不是口号宣导，也不是对文件中的几个漂亮句子的展示，而是对内部已发生，并且会继续发生的具有可复制性的案例的演示和探讨。通过对案例的学习，员工可以真正理解组织的价值观，判断自己是否拥有相同的价值观，以及继续努力是会愉快成功，还是会郁郁而终。这不仅是对员工未来发展的负责，也是对组织人力成本的负责。

（2）战略领悟力

战略是一个组织最简单的东西，同时也是最难的东西。说它简单，是因为它出现在组织的几乎所有培训材料中，无论是新人入职培训，还是中层管理培训，都会反复重温组织战略。说它困难，是因为包括首席执行官在内，组织中几乎没有人能够100%地完全领悟战略的内涵和意义，即便是口口声声完全支持组织战略的中高层领导者，也总会有几个决策是和战略背道而驰的。这不是因为他们不诚实，或者对战略另有想法，而是因为战略领悟力确实是一种高阶能力。

有一个关于战略决策的入门级问题——战略是关于做什么的规划，还是关于不做什么的规划？

大多数人会选择前者，认为战略是指导我们行动的准绳，但事实正好相反，战略是对不做什么的指导！比如东西方公认的战略大师毛泽东，多次使用一个战略：放弃局部战场。从红军决定长征到四渡赤水，这个战略都得到了很好的体现，但当时部队中的很多中基层军官，因为对这个战略理解得不透彻，摔了大跟头、吃了大亏。西方的战略研究大师迈克尔·波特也在其著作《什么是战略》中明确提出，战略的实质是确定什么不做。

组织中的领导者，哪怕只是店长这一层级的团队领导者，也有必要对战略问题进行思考和理解，这会体现在日常决策的方方面面。优秀店长与平庸店长的差距，往往是从他们对于门店战略的不同理解开始的。

（3）抗压能力

曾经有一个上市公司的老板说，他选拔领导的标准是6个字：能熬、能忍、能抗。当时，我觉得这是他的一句玩笑话，但经过岁月的磨砺后，每每想起，我都觉得那位老板的话特别有道理。

能熬——熬不住的都走了，没机会竞争领导者的位置；能忍——忍不住的揭竿而起，成了反面典型，没办法当领导；能抗——面对各种压力，扛不住会崩溃，崩溃了自然无法带领团队赢取胜利。

抗压能力可能不会决定领导者的下限有多低，但绝对会决定领导者的上限有多高。厉害的领导者，在面对压力的时候，往往会表现出极强的定力，以及沉着思考、冷静决策的能力。

和价值观、战略领悟力一样，抗压能力也是冰山中位于水下的能力，通常不会被人们看到。只有在特定的场景、长期的观察中，才可能被发现。在某种程度上，抗压能力的大小取决于人的内在性格，不取决于人所掌握的知识技能的高低，这几乎已经成为心理学和管理学的共识，因此，很少有培训课程或书籍会讨论抗压能力的提升方法。不过，因为抗压能力是评价领导力的重要考核项之一，我们需要直面这个问题。相信在不久后的将来，随着人们对行为经济学分项研究的日益深入，以及在领导力行为研究方面的日益拓展，提升抗压能力会成为一项显学，公司可以使用一些有效的方法来改善和提高领导者的抗压能力。

（4）分析能力

分析能力也是领导者必备的能力，而且通常不会立刻（通过一两次见面交谈）表现出来。只有当面对的事件足够新，新到以往的行为模式和思维定式不足以应付，需要重新构建思考逻辑、重新构思解决方案时，分析能力才会有所表现。

分析能力并不是单一的能力，这种能力的形成，往往需要经验、知识、意识等各种因素的综合作用。比如，经营旺季，店铺业绩突然下滑，各项指标集体腰斩，就到了考验零售经理分析能力的时候了。

有经验的零售经理搜索自己以往的经历，可能能找到三五个类似的案例，但细节不尽相同。他可以结合学习过的零售数学知识，意识到有80%的概率是人员流失的问题，很有可能是出现了店铺员工集体离职。于是，他立刻到达一线，求证自己的分析判断，并第一时间给出解决方案。

另一位入行不久的零售经理可能没有相关经验，根据以往在学校所学的相关知识，他发现各项指标中，购买率下滑得最厉害，恰好，购买率是所有指标中牵一发而动全身的指标，所以他分析并得出结论——店铺现有的商品不具有竞争力，随后给出的方案是重新调集爆款商品，并进行相关导购培训，清理滞销款。

我们看到，面对同样的情况，不同的零售经理会有截然不同的分析结论。分析能力这种深藏其中的能力特质是很难观察和评估的，但重要程度极高，经常是致命的。

(5) 逻辑思维

可以说，职场中大多数人所拥有的逻辑思维能力，比他们自我感觉的少很多。最明显的一点是，大多数人并不觉得这是一项能力，习惯于在逻辑惯性的影响下看待世界、处理事务。这些人既不会质疑思维模式，也不会质疑信息来源，他们就像海洋中的浪花，随波逐流。

到底什么是自己的观点？面对这个简单的问题，大多数人回答不上来。有些人在被苦苦追问之后，会无可奈何地回答："我没有自己的观点，一切观点都是外界硬塞给我的。"

遗憾的是，绝大多数情况下，这并不是一种谦逊的行为。这种回答只是另一种陈词滥调，被许多贩卖焦虑的"鸡汤大师"反复烹煮，提供给他们的"食客"。"食客"们在说出这句"我没有自己的观点"之后，仿佛就拥有了自己的观点，在道德上和心理上放过了自己，并给自己加了一块坚硬的护盾。这是目前最糟糕的情况，如果我们无法区分哪些观点是自己的观点，哪些不是，任凭那些信手拈来的流行语填充我们的头脑，我们如何调用自己的思维？

以上这些论述并不是思维游戏，也不是要难为读者的诡辩，这是批判性思维中的基础知识点。在我们尚未接触这类知识时，确实难以分辨什么是"自己的观点"，但只要我们学习过相关概念，就能很容易地获得真正属于自己的见解。要知道，许多知识／能力是需要常年积累的，比如分析能力、判断能力，还有许多知识／能力与我们只有一门之隔，推开门，就能看到更多、收获更多。

逻辑思维无疑属于这种只与我们隔了一道"门"的知识／能力，我们会忽视它、曲解它，甚至否定它，只是因为我们不曾接触它。当我们意识到它是领导力中非常重要的一个部分，并开始接触它时，我们会迅速变得和从前不同。

通过对冰山位于水下的部分的解读，大家应该会理解一种现象——下属对领导的了解非常浅显，这种浅显的了解，是他们之间矛盾的源泉。

因此，我们有必要通过沟通和培训，为员工补上这一课，让他们从意识和知识两个层面，认识到领导力的范畴。这一方面会帮助他们更好地理解他们的领导，带来管理效率的提升；另一方面会给他们指明上升通道，让他们中的有志之士正确寻找相关知识，主动提高相关能力——这会成为个人的重要财富，也会成为团队和组织的宝贵矿藏。

4.4 店员行为中的外部性
改善员工情绪（满意度）的价值和操作

一 卖场员工情绪的衡量标准

许多年前，行业中流行一句话："只有员工满意，顾客才会满意。"这源于瑞典经济学院的克里斯琴·格罗路斯提出的"内部营销"概念，后随着菲利普·科特勒的引申和推广得到全球范围的普及。有一段时间，IT界巨头HP公司大力推行这种理念，要求先由研发部门把产品推销给销售部门，再由销售部门把产品推销给顾客。HP认为，如果产品做出来后，公司内部的销售员都不愿意购买，那么顾客肯定不愿意购买。

因为有若干行业巨头的鼎力支持及身体力行，人们对此深信不疑，几乎从来没有相反的概念被提出。这在商业界并不常见，我们熟悉的情况通常是有人说参与制管理好，就会有人提出军事化管理；有人说导购能力是业绩的根本，就会有人说商品质量才是业绩的根本。

我一直好奇，为什么针对内部营销概念，从来没有相反的理念被提出来，比如"愤怒的员工，才会促成巨量的销售"。

会有"愤怒的员工"？这并不是在开玩笑，而是我这些年亲眼所见。从店铺的一线导购到督导，再到零售经理，到处是"愤怒的员工"。他们气冲冲地从工位跑到店铺，又气冲冲地从店铺跑到会议室，他们浑身上下的愤怒气质，仿佛给他们带来了力量。

这些一线人员的实际行动与格罗路斯、科特勒等大师的理论之间存在着巨大的鸿沟，这鸿沟让我不得不思考，难道大师们真的是在纸上谈兵？难道现实的商业世界完全无法验证那些理论的正确性？

如果你在国内找一家普通商场，从一层大厅穿过化妆品区、眼镜区、香水区，看到那些没有椅子，为了记录销售数据，必须蹲下去伏在地上写字的导购；看到那些必须穿着高跟鞋站立6个小时，为顾客展示各种口红和眼霜的导购（即使顾客从来没有机会看到柜台内导购腰部以下的部分，导购穿高跟鞋还是穿运动鞋对于顾客来说没什么差别）；看到只因为柜台旁边摆放货品箱有碍美观，和陈列设计的唯美原则有所出入，每天往返柜台与仓库，要走两万步的导购……你会发现，这些商家真正践行的理念是：让顾客"掏腰包"是唯一重要的事，导购的满意度并不重要。或许在他们看来，这种有违于"内部营销"的行为是有理可依的，毕竟，大部分商家的人力资源部提供的数据表明导购的平均在岗时间是3个月，有如此高的流动率，导购满意不满意似乎真的无所谓。

导购的满意度被漠视，导购的存在被工具化，导购的培养被随缘化……这是零售业长期的、稳定的、普遍的现象，以至于线上营销概念兴起的时候，零售业的巨头普遍异常兴奋，仿佛他们看到了可以甩掉"人"这个恼人因素的重大机会！

然而，事与愿违，线上商业模式的兴起并没有淡化人的作用，反而变本加厉地强化了人的作用。如今，最厉害的销售平台也需要网红主播来引流，能否请到全网最有影响力的当红主播，是公司能否获得最高销量的首要保障。

尘埃落定后，大家意识到，导购的直接输出（能力加状态）是影响业绩的关键要素，科技发展得再充分，人工智能的功能再完善，也无法弥补导购缺失所造成的恶果。这里的"导购缺失"不是指导购旷工，而是指导购心猿意马，不在工作状态。不在工作状态的最大原因，根据我们的观察和访谈，是导购"不满意目前的状况"。

许多人会好奇，为什么不满意的导购会影响销售业绩？毕竟，目前，在大多数公司，导购被训练得很好，不会随意表露他们的怒火，再难过、再愤怒，也会露出8颗漂亮的牙齿，多委屈的眼泪，都会流回自己的肚子里……

不满意的导购会影响销售业绩，用行为经济学家丹·艾瑞里在《可预测的非理性》中陈述的相关研究来补充说明，是因为如下3个基本事实。

事实一：人们的心情会通过外部动作表露出来；

事实二：人们会通过其他人的动作和表情，感知他们的心情；

事实三：面对不开心的卖家，买家的购买意愿会极大地降低。

对于第一个事实来说，除非是经过特别训练的情报工作者，大多数人无法有效地遮掩自己的心情。大部分心情会通过表情、眼神、动作等细节表露出来，这种表露是不自觉的，是潜意识驱动的。享誉全球的英国人际关系大师亚伦·皮斯在他的著作《身体语言密码》中详细阐述了潜意识是如何借助肢体语言表达信息的，并做出了肢体语言的表达比言语表达更准确、更持久的论述。

再看第二个事实，美国传播学家艾伯特·梅拉比安曾提出一个著名公式：**信息传播的影响力=7%语义+38%声音+55%视觉观感。

这意味着，人们感知信息并不仅仅通过语言，语义的影响力只占信息传播影响力的7%，加上声音，也只占信息传播影响力的45%，更大的影响力来源是视觉观感，也可以说是肢体语言。肢体语言是很难隐藏的，所以，人们并不难感知对方的心理状态。

至于第三个事实，源于买家和卖家会通过商品和卖场形成情感交换。通俗地讲，顾客（买家）在选购商品之前，会先与导购（卖家）进行沟通，顾客会根据导购的心理状态，获得第一手信息。如果导购满心欢喜，顾客会给他所售卖的商品贴上"开心"的标签；如果导购郁郁寡欢，顾客则会给他所售卖的商品贴上"难过"的标签。人们在购买商品的时候，普遍是功利主义的，英国经济学家杰里米·边沁在其著作《道德与立法原则导论》中提到，人们所追求的最大幸福是快乐的心理状态，这也是人最根本的生活动机。

基于这3个基本事实，让导购在工作的时候保持良好的心情，是促使顾客购买的前提和保证。围绕着如何让导购在工作中保持愉悦的心情这一主题，我通过店铺观察和一线员工访谈，积累了大量数据和信息，并通过对这些数据和信息进行定量分析，得出了一个比较粗略（仅适合策略方向指引）的模型——卖场情绪量表，如图4-5所示。在卖场情绪量表中，我们可以大致看到，到底是哪些因素让导购愉快，进而产生战斗力；是哪些因素让导购难过，进而阻挠个体绩效的达成。

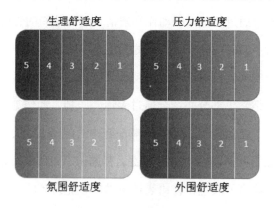

图4-5 卖场情绪量表

卖场情绪量表由4个模块构成，分别是生理舒适度、压力舒适度、氛围舒适度、外围舒适度，每个模块有5个刻度，代表5分，对各项舒适度情况进行评估和打分，总计20分。当某导购的得分高于16分时，该导购处于高舒适度区，可继续保持；当某导购的得分低于8分时，该导购处于低舒适度区，需要寻求改善。下面我们逐一分析各模块。

（1）生理舒适

生理舒适的程度，即导购所能感知的所有生理方面的舒适程度。

空调的温度、湿度适中，不冷、不热、不干燥；太累的时候有休息区或休息椅可供坐下来稍做休息；内急的时候有人替岗，不需要长时间忍耐；口渴的时候有地方可以喝水，身体能始终处于不缺水的状态；工作环境的噪声水平是正常水平，不会因为太吵而使人心烦意乱，神经紧张；困倦的时候可以喝杯咖啡或茶水，补充精力……这些都是正常的生理需求，得到满足时人会感到舒适、自在，得不到满足时人会感到难受、煎熬。

管理者应该明白，这些舒适度要求并不属于员工福利的范畴，而属于员工战斗力的范畴。在生理不舒适的情况下，员工是不会有高产出的。

（2）压力舒适

压力舒适的程度，即导购所承受的工作压力的程度。

压力舒适的程度，受工作目标和工作完成度之间的差距范围影响，如果工作目标和工作完成度之间差距很大，那么工作压力会很大，反之，如果工作目标和工作完成度之间差距很小，甚至工作目标已被超额完成，那么工作压力会很小，甚至没有。那么，什么样的工作目标完成度是最佳的呢？这个没有定论，组织文化不同，会有很大的差异。习惯了高强度压力的员工，在低强度压力环境中反而会不舒适，会感觉空虚。但有一点是一定的，如果压力过大，超过了员工能力范围，员工怎样努力都无法完成，压力舒适度无疑处于最低水平。

因此，根据团队的具体情况，设置一个员工通过努力可以实现的工作目标，对于员工的压力控制来说是比较好的。此外，完善沟通机制，及时了解和管理压力，是非常必要的。

如果一个组织中有完善的沟通系统，那么压力水平基本处于可控范围，反之，则有可能爆发重大的、不可逆的危机。

(3) 氛围舒适

氛围舒适的程度，即导购在工作环境所感觉到的总体氛围的舒适度。

很大程度上，氛围舒适的程度与同事之间的关系水平有关，但不仅仅取决于同事之间的关系和睦与否。团队氛围的营造，是一个系统工程。

我们注意到，有些零售团队的氛围很独特，在外界看来并不是友好的，甚至可以说是冷漠的，但深入其中会发现，团队成员的体验很好，他们觉得这种竞争与合作相结合的氛围能帮助他们发挥自己工作的最高水准，创造越来越高的销售纪录，得到越来越大的实惠和成长。而同样业绩出众的另一支团队，有可能是温馨的、和善的，团队成员在工作中有说有笑，互开玩笑，轻松的氛围并不会弱化他们创造业绩纪录的决心，反而成了他们勇攀高峰的动力。

注意，并没有放之四海而皆准的团队氛围，正所谓千人千面，一千个团队，有着一千个不同的团队氛围模式。找到这种氛围，努力维持并不断优化，即可提高其中导购的氛围舒适度，让导购在工作中乐此不疲，创造佳绩。

(4) 外围舒适

所谓外围舒适，指工作中的导购不仅会被工作场景中的事物影响，也会被工作场景之外的事物牵扯精力。

比如，在家里孩子生病住院的情况下，导购大概率没有办法全身心地投入工作，她会时时刻刻地惦念孩子，处于外围极不舒适的状态中。如果店长没有了解到这一点，给这名导购安排了满负荷的工作，这名导购是无法像平时那样提供高产值的，而且很有可能会让她本人和店铺双双受挫。

外围舒适度是领导者不容易观察到的指标，所以常常会被忽视，只有那些人生阅历丰富、内心敏感的领导者，才会留意到这个维度的信息。因此，这其实是领导者培训的一个新方向，而且是典型的现代管理学所没有意识到的非常重要的方向。

如果一个店铺的店长、更上层的督导，甚至零售经理有这方面的意识和知识，愿意搭建观察"外围舒适度"的通道，那么，店铺员工的整体舒适度可能会迎来一个意想不到的提升。

二 情绪量表的使用案例

如图4-5所示的卖场情绪量表总体而言是方向性的，需要零售经理、店长根据自身店铺的情况做定制化的二次开发。我注意到，根据目前零售业的基本情况，二次开发的成功率不高。为了改变这种情况，让卖场情绪量表能够物尽其用，我们找到了一个试点卖场（实验店铺X1），通过实际使用，演示如何"二次开发"、如何在一线店铺使用卖场情绪量表，说明操作过程中应该注意哪些方面的问题、测量结果应该如何评估和分析，以及如何根据这些结果改善团队管理。

小吴是实验店铺X1所在区域的零售督导，经过沟通，她愿意接受这项任务，在实验店铺X1中实践导购情绪提升计划，帮助该店铺的导购提高工作时的情绪水平，进而提高店铺绩效和员工留任率。我们给小吴提供了卖场情绪量表这个工具，并配合她，一起做后续的相关工作。

小吴要做的第一件事是二次开发、制定标准，即确定量表中各个量度的区间范围和可量化的内容标准。

在生理舒适度模块，小吴经过调研，确定了对员工生理舒适度影响最大的9个内容，并根据这9个内容，确定了5个区间的得分标准和情况说明，见表4-1。

表4-1 生理舒适度自检表

生理舒适度内容	打钩处
长时间站立，没有休息的空间，容易腰酸背痛	

续表

生理舒适度内容	打钩处
室温过高或过低，需要穿着与季节不一致的衣物	
经常出现内急却无人替班的情况，不敢喝水	
需要长时间说话，经常口干舌燥	
卖场噪声过大，经常感觉非常吵闹	
处理票据、文档类材料时只能蹲在地上，很不方便	
半封闭空间内空气不好，经常出现呼吸困难的情况	
货仓布局紧促，经常在取商品时磕碰或受伤	
灯光亮度不合适，过亮或过暗，感觉视力持续下降	
评分标准	

打钩数	所得分数	情况说明
0	5分	非常高的生理舒适水平，完全舒适
1~2	4分	比较高的生理舒适水平，基本舒适
3~5	3分	平均生理舒适水平，与行业现状一致
6~8	2分	比较低的生理舒适水平，很不舒适
9	1分	非常低的生理舒适水平，极不舒适

在压力舒适度模块，小吴用了比较简单的衡量标准（这主要是为了说明二次开发没有固定标准，管理者可以根据自己对卖场情绪量表的理解，独立开发并使用）。5个区间的情况表现及其对应的分数见表4-2。

表4-2 压力舒适度自检表

情况表现	所得分数
压力适中，工作目标和自身能力匹配，努力后会有满意的成果，乐于回味和分享	5分
压力较小，工作目标不需要努力便可完成，工作状态略松散，有些时候会感到无聊	4分
压力较大，需要加班加点才能完成工作目标。工作侵占生活，很少有时间学习	3分

续表

情况表现	所得分数
压力过大，几乎无法完成工作目标，非常焦虑，经常在找办法和找借口之间徘徊	2分
濒临崩溃，根本无法完成目前的工作，焦虑导致失眠、暴躁等情况时有发生	1分

和压力舒适度模块的二次开发标准相同，在氛围舒适度模块，小吴确定了5个区间的情况表现及其对应的分数，见表4-3。

表4-3　氛围舒适度自检表

情况表现	所得分数
非常喜欢团队的氛围，如鱼得水，感受到被尊重、被需要	5分
比较喜欢团队的氛围，感觉很自在，工作之余，同事间的私交也不错	4分
适应团队的氛围，谈不上喜欢，也谈不上反感，同事关系一般	3分
不太喜欢团队的氛围，对很多人和事看不惯，但没办法改变	2分
很讨厌团队的氛围，总感觉自己格格不入，无法理解其他人的行为	1分

在外围舒适度模块，小吴比较有心得。以往的种种经历浮现在脑海，她选用了和"生理舒适度自检表"一样的量表进行评估，5个区间的得分标准和情况说明见表4-4。

表4-4　外围舒适度自检表

外围舒适度内容	打钩处
团队领导会关心员工的生活	
遇到私事，团队里有人可以帮忙	
有比较灵活、人性化的调休机制	
愿意带家人来工作所在地	
请假时不会有太多顾虑	
工作时可以安心接听家人的电话	

续表

	评分标准	
打钩数	所得分数	情况说明
6	5分	非常高的外围舒适水平，感到惬意
5	4分	比较高的外围舒适水平，心满意足
4	3分	有所顾虑的外围舒适水平，尚可
3	2分	比较低的外围舒适水平，顾虑重重
≤2	1分	非常低的外围舒适水平，难以忍受

小吴根据基础模型，二次开发得到了这4张可执行量表，与零售经理确认后开始执行。小吴采用的是店铺不记名自评+后期汇总平均的调查方法，目的是尽可能多地获取真实信息，以免店员有所顾虑。

进行了一轮问卷调研后，全店铺15人的结果是平均得分13分，其中，生理舒适度2分，压力舒适度5分，氛围舒适度3分，外围舒适度3分。

逐项分析后，小吴发现，生理舒适度处于很低的水平，亟待提高；外围舒适度有上升的空间；氛围舒适度目前找不到更好的提升办法，可以从长计议；压力舒适度很理想，需要继续保持。

明确改善方向后，小吴制定了改善目标——通过人性化的店铺改善举措，把生理舒适度从2分提高到4分，让店员在更舒服的环境中工作；通过领导力培训和管理制度修订，把外围舒适度从3分提高到4分。

在此基础上，小吴制定了总体工作目标——在3个月内，把店铺员工的情绪舒适度从13分提高到16分，进入高舒适度区。

经过一系列结果导向的管理改善，在计划时间内，实验店铺X1成功地把员工情绪舒适度评分提高了3分，达到16分（高舒适度区）。与此对应的是，店铺的同店同比销售量提升了10个百分点、利润率提升了4个百分点。用员工满意度提升带动店铺绩效提升这个意识，在小吴的心中生根发芽了。

本节内容告诉我们，员工的舒适度是多维的（至少4维），员工的舒适度和员工的绩效水平是高度正相关的,并且这种趋势随着商场环境、硬件条件的提升而越来越明显。为什么会与商场环境、硬件条件的变化有关呢?类似于幸福指数会随着见识水平的提升而下降,比如,同样的工作、同样的商场,20年前觉得一切都好,20年后觉得难以忍受。

这种现象给我们敲响了警钟,也给我们带来了启示:更好的商业环境确实能给顾客提供更好的购物体验,让顾客更乐于在这里消费,并成为回头客,经常光顾,但这只是提升业绩的方法之一,另一个方法是同步升级导购端的工作环境,导购需要,也应该享有更好的工作舒适度。这两种舒适度同步提升,能够共同促进商家利润的增长,以及商业文明的进化。

提升导购的工作舒适度并不是一句口号,一个方向,而是有着可操作量表作为支撑的可执行管理方法。使用卖场情绪量表,甚至尝试对卖场情绪量表进行创新和改良,一定能够使目标店铺像案例中小吴的店铺一样,绩效水平显著提高。

4.5 晕轮效应的诱惑
学会用数据说话,而不是用经验说话

几年前的一天,一个朋友让我陪他去商场买东西。那时正值他结婚一周年,他要给妻子买一件内衣当礼物。作为一个"钢铁直男",能想到买内衣当礼物,着实令我吃惊。吃惊之余,我更多的是好奇,自然不会错过这种新鲜事,毫不犹豫地答应了。

我们到了商场,根据一楼的布局图找到内衣专卖区,看到了好几家内衣品牌专卖店。因为对我们而言都是陌生品牌,所以我们没犹豫太久,选了一家看上去

最漂亮、最高级的专卖店，径直走了进去。刚进入店铺，就看到满眼的内衣，五颜六色的。我俩非常激动，有些眩晕，稍带害羞，略微恐慌，担心被当成社会不良人士，但更多的是不知所措，就像误入城市的两只迷途羔羊，绕来绕去，不知该选什么，也不知该怎么选。

我感觉过了足足10分钟，都没有人搭理我们。不过，没有预想中的奇怪目光，女性顾客都在很用心地选择款式，导购们则在她们身边为她们做着各种介绍。我甚至觉得，如果我们此时此刻在这里搭一个帐篷，也不会有任何人来阻止。我那个朋友显然受不了这种像幽灵一样的感觉了，他主动穿过3个货架，找到了一个站在那里无事可做的导购，询问关于内衣的"知识"。

从那个导购的眼神中，我能感觉到她吓了一跳。她显然没有注意到我俩的存在，仿佛刚才那10分钟，我俩真的是透明的，此时突然现出真身，开始说话了。

几秒钟后，她可能突然意识到自己是导购，才恢复气定神闲、笑容可掬的状态，开始询问我那位朋友给谁买，以及是否知道尺码、偏好的样式和颜色等。

我的朋友只知道第一个问题的答案，不过还是红着脸，用非专业语言连比划带猜地回答了第二个问题，并强行通过臆想和回忆，回答了后面的问题。随后，不到3分钟，他就在导购的介绍和鼓动下，买走了那家店当季最贵的内衣。

这件事对于内衣店来说没有太大的参考价值，毕竟，"钢铁直男"灵感乍现的事不是天天都有。不过，这件事让我意识到了一个问题——导购忽视潜在顾客的情况是普遍存在的。

后来，我进入零售公司，进行顾客满意度调研时发现，顾客反馈较多的第二大不满意问题就是导购的漠视。有大约30%的被调研顾客反馈，他们感到进入店铺后受到了漠视，特别是在他们有购买需求的时候，这种感受更为强烈。

我更加确定了这个问题的存在——店铺导购忽视潜在顾客是普遍的、经常发生的，而且大多数店铺管理者并未意识到这一点。

在随后进行的导购访谈中，我发现，导购忽视顾客的根本原因并不是故意以貌取人、嫌贫爱富，而是他们不断积累的经验给予了他们一种"能力"——典型性判断。

通过多年的从业经验积累,在很多资深导购的眼中,顾客已经不是一个个普通、复杂、完整的人了,而是一个个行走的典型特质,比如中年女性——购物经验足、戴眼镜——视力不好的办公室一族、着装邋遢——不在意细节、鞋面有灰——走了很长的路等,这就像庖丁解牛,在庖丁的眼中,牛不是完整的动物,而是不同的组成部分和器官。

典型性判断能帮导购节省很大的精力和体力,在资源有限的情况下,集中资源瞄准目标顾客,的确是一个聪明的策略。只不过,在社会价值链快速更迭,顾客形态日新月异,审美和品味都在不断颠覆、翻转的时代,继续用工业时代的经验和节奏工作,很可能会应付不来。

在销售端,这种现象非常普遍;在内部管理端,这种现象也无处不在。

许多人力资源总监在选拔零售经理的时候,除了依据以往的业绩表现作判断,更多的时候是依据典型性判断。善于表达和雄辩、说话节奏更快且更紧促、着装更职业且更利索……普遍被认为是合格零售经理的典型特征。即使各大商学院已经有很多研究表明,这些外在特征和他们在领导位置上的表现并无直接的关系,但是这种观念根深蒂固,短时间内挥之不去。

不过,随着统计学逐渐在销售岗位得以应用,更精确、更数据化的绩效评估正在成为可能。基于传统的认知和偏见有所改观,零售业的管理者逐渐发现,"卖货脸"(传说资深店长能判断哪种脸型、哪种音容笑貌的导购业绩会更好)并不总是能带来"大卖"。

甚至在许多B2B公司的销售部,顶级销售员的形象已经和人们的传统印象出现偏差——不再是大腹便便、能言善道、口吐莲花之人,反而更多的是内敛谨慎、善于倾听、懂得沉默之人。有行业分析机构做过调研,结果表明,这些人更容易获得顾客的信任,因为这些人可以给顾客更多的安全感——顾客通常愿意与比自己低调的人建立更长期、更稳定的关系。

不过,这只是当下部分行业和机构的研究结果(存在一定的争议),随着社会文化和结构的变迁，这种典型特征也可能迅速失效——人们从销售员身上获得的安全感，可能会随着信息渠道的增多而迅速减少。

用行为经济学的视角看，核心结论是依赖"典型性特征"评判他人的做法是不靠谱的，我们需要用更加科学、更加有效、更加稳妥的方式集中资源、优化判断。

这种方式被称为概率评估。

所谓概率评估，正是数学意义上的概率，以及依据概率做出的最终评估。之所以将概率评估引用至行为经济学和零售业中，是因为行为经济学研究发现，晕轮效应（典型性判断）是不可避免的，必须用一种靠谱的方法来戒除这种效应造成的不良后果（销售损失），这种方法就是接下来要介绍的概率评估的简单应用。

对于专业的概率论公式，本书不进行列举，感兴趣的读者可以自行翻阅相关书籍。为了尽可能简单地阐述概率评估的方法，这里简要地介绍散点图的使用方法。对散点图使用方法的掌握，在了解概率评估的原理和明确其应用方法方面有非常重要的作用。

年龄、身高、体重散点图如图4-6所示。

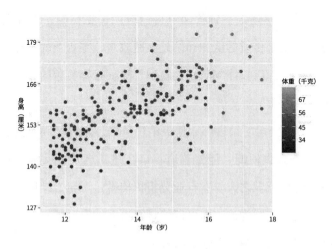

图4-6 年龄、身高、体重散点图

这是一张展示年龄、身高、体重的关系的散点图，分别用横坐标（年龄）、纵坐标（身高）、颜色坐标（体重）来记录一个群体的成长水平。人们看到这张图，就能一目了然地了解，这是11岁到18岁人群的身高、体重情况，他们的身高主要在127厘米到179厘米之间，体重主要在34千克到67千克之间，并且不用进一步分析，就能确定每一个年龄段最集中的身高和体重范围。

这就是散点图的作用，以直观的方式，通过简单的记录，展现事物的全貌，帮助使用者做出客观的评估。

我们可以用散点图记录零售店铺的很多情况。记录之初可能会不习惯，需要一定程度的基础学习，不过一旦记录了数据，我们就会发现，后续的分析可以一气呵成。比如，我们观察一下产品统计散点图，如图4-7所示。

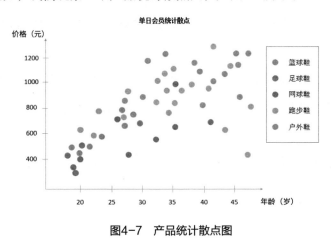

图4-7 产品统计散点图

图4-7选取了3个维度的数据，分别是年龄、价格、运动鞋种类，记录了某单日会员购买运动鞋的情况。

通过观察图4-7，我们可以一目了然地得到以下几个结论。

结论一： 购买足球鞋和篮球鞋的会员，年龄在30岁以下的居多，且单价越低，购买人群年龄越小；

结论二： 购买户外鞋的会员，年龄在30岁以上的居多，且户外鞋的单价普遍较高，目标会员对价格不敏感；

结论三： 购买跑步鞋的会员分布于全年龄段，30~40岁的会员主要购买800~1000元的跑步鞋；

结论四： 购买网球鞋的会员以中年会员为主。网球鞋的单价普遍较低，推测原因可能是产品类型限制较大，也可能是目标会员对价格敏感。

根据这些结论，我们可以形成基于统计观察结果的概率评估报告，以此为依据锁定到店目标顾客。虽然不能确保100%命中，但一定比"以貌取人"有效得多。

感兴趣的读者还可以继续研究，翻阅一些统计学专业书籍，从散点图进阶到钟形曲线图，以及其他统计学工具图表。绘制图表的工具很多，Excel、SPSS、Power BI等软件都可以高效生成可视化数据分析图，学习起来难度并不大。

本章的核心目的在于，告诫读者要有意识地克制自己的主观判断倾向，特别是要戒除经验主义判断，因为经验主义判断会遮蔽自己的视野，降低甄别准确率，过滤掉许多"真金白银"。

我们需要更谨慎地看待问题、分析问题，学会用数据，以及依托数据的概率分析纠偏自己的主观判断，从而真正、稳定、长期地提高自己"以貌取人"的能力。

当你的店铺和店员习惯了用这种全新的方式来审视世界、看待世界、修正自我，业绩提高指日可待。

4.6 峰终定律与团队工作安排

先苦后甜对于团队管理的重要性

不知道大家有没有发现，在领导力领域，或者，更具体地说，在谈到某部门的领导者时，我们第一时间想到的是其领导风格及领导个性，这往往是团队领导最先给外界和内部的印象。有些领导刚上任时会烧三把火，后面慢慢稀松平常，归于平淡；还有些领导刚上任时会按兵不动，中途突然发力，留下浓墨重彩的一笔。

我们本节要谈的，是站在组织长期收益的大局上，哪种领导风格更好、更有前景，以及根据行为经济学理论，如何更好地实现领导者的决策目标。

在进入正式议题之前，我想讲一段我经历过的趣事，相信很多人有过类似的生活体验。

我读大学时，班上有一个同学姓齐，人称猫王。齐猫王的性情说不上古怪，但是公认的特立独行，他有一个特别独特并有一些玄学意味的观点，即无论去哪儿旅游，都不带照相机，不拍照。他的说法是："你拿着照相机拍照，等于放弃了用心体会美好风景的机会，只有放下相机，才能真正'看见'！"

齐猫王说到做到，无论是班级组织游玩，还是他和伙伴约好长途旅游，他都不拍照，既不拍风景，也不拍人，只是全身心地欣赏。说实在的，当时大家都觉得这才是旅游的最高境界，他是真正懂生活的人，是智者。

若干年后的一次同学聚会，大家酒足饭饱之后，进入同学聚会常规项目——忆往昔光辉岁月。说起过去大家一起旅游的趣事时，齐猫王仿佛失忆了一般，毫无反应，目光飘忽，仿佛在听毫不相关的事情，完全置身事外。直到有人掏出手机，登录QQ空间，翻出了当年的照片，他才惊奇地发现自己也在场，虽然他没有任何印象。

同学聚会后半程，他到处恳求同学把当时旅游的照片——无论有没有他出镜，都发给他。有人调侃他道："你这个不拍照主义者怎么会向我们要照片？这不符合你的处世原则吧？"他满脸懊恼，说当时年少无知，后来想回忆都没有照片，脑海中的画面很快就淡忘了，如今再次见到，激起了心底的情怀，特别渴望拥有这些照片。

这件事让我开始重新思考"上车睡觉，景点拍照"这种用于吐槽的陈年老梗是不是真的那么好笑。旅游的意义到底是什么？真的是全身心体验吗？还是尽可能多的给回忆留下一些素材？

许多心理学家论证过，记忆并不是平滑的、永不褪色的直线，而是逐渐变淡的曲线。也就是说，随着时间的流逝，我们会逐渐淡忘事件的细节。这只是问题之一，另一个问题是，在我们淡忘事件细节的同时，我们对事件的价值评估（判断一件事、一个器物、一个人的重要程度）会逐渐降低。越接近当前时间的事件，价值评估越高；越远离当前时间的事件，价值评估越低。

如图4-8所示，同一件事情的当下价值是在不断降低的，因为记忆曲线是在不停下滑的。若有某种东西可以阻止记忆曲线的下滑，比如照片、回忆录，记忆曲线会被向左推移，与之对应的，是位于更高点的当下价值。

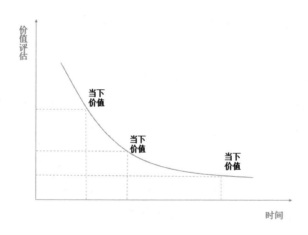

图4-8　下滑中的当下价值

本节齐猫王看到旅游照片的例子，反映的底层逻辑是他在看到照片后，对那段时光的价值评估大大提升，相当于得到了一个机会，让自己的学生时代更有存在感！他不忍心错过这个机会，所以开始积极地从同学那里收集照片。

需要注意的是，当下价值是不可累加的。当下价值不是事件获得收益的真实价值，而是我们对收益进行评估的心理价值。人类没有累加当下价值的能力，无论整个周期中人们获得的价值有多少，最终评估时人们选择的，往往是最后一个"当下价值"。

这对于以结果为导向的商业机构来说，是一个值得深思的认知：留存的东西会变成物质财富，留下的记忆会变成心理财富，过程中的经历只是财富加工链条中的一环。

获得了这种认知，"结果和过程，哪一个对于产出影响力更大"便不再是难以回答的问题。针对大多数公司的情况，以上问题可以具化为：如果幸福是一种资源投入，那么在资源有限的情况下，是投入中间期比较划算？还是投入收尾期比较划算？

针对这个问题，我寻访过很多店员，请他们谈谈工作一天后的感受。根据我的观察，如果店员处在"工作日前半段很累，后半段很轻松"的节奏中，普遍感觉轻松愉悦；如果店员处在"工作日前半段很轻松，后半段很累"的节奏中，普遍感觉非常辛苦。

与此同时，我注意到，有经验的店长会把琐事和前一天留下的疑难杂症安排在刚上班的时候处理，快下班的时候留出时间来谈谈心、做做带教、提升一下团队氛围，这样，店员下班时会感觉轻松、惬意，带着好心情回到家，第二天再把好心情带回工作岗位。这些店长了一定了解"峰终定律"，但他们的管理手段正好符合该定律的原理，往往会获得很好的成效。

"峰终定律"揭示的是一种很普遍的心理现象——对于刚刚发生的事情，人们会给予更大的价值权重，已经发生过一段时间的事情则容易被人们忽视，甚至遗忘。

人们很难公平、公正、平等地看待时间，比如对一段时间进行等量分配，像时钟一样将其划分为12等份。对普通人来说，时间更符合爱因斯坦给大众科普时讲到的相对论，是非线性、非固定的。

回到本节开篇领导风格的问题。刚上任时会烧三把火的领导，如果后面会继续添火，持续、稳定地输出和发力，那么很好，这种领导可能是工作狂，是自带核动力的公司顶梁柱。

我们这里要谈的是普通人，是渴望在工作和生活之间寻找平衡的处于领导岗位的人。对这些人来说，精力是有限的，注意力也是有限的，如何用最高效的方式投入有限的能量，获得最大的产出，是一个非常重要的、非常有价值的议题。

通常，后半段发力比前半段发力要高效，但是这里有一个现实问题，即许多领导，特别是高阶层领导，并不知道自己的任期，也就是说，他们的任期是与他们的业绩表现直接相关的，而且有很大的不确定性。干得出色，会继续干下去，或者升迁到更高的层级；干得不好，可能会被撤换，调往其他部门，或者直接被罢免。在这种不确定的情况下，如何确定"后半段"是什么时候呢？

因为这个现实问题的存在，很多领导干脆一上来就使出全力，技惊四座，努力让上层领导满意、让下属信服，至于后面能在任多久，走一步，看一步。这看似无解，几乎已经是哲学层面的问题了，但其实在操作层面，是有规律可以依循的。

我想起了女儿学钢琴的事情，这件事情或许能给受上面的问题困扰的读者一些启发。

许多孩子会在学龄前选择学习一个乐器，但几年之后，能坚持的不太多。很大的一个原因是学习乐器是枯燥的，学起来很苦，孩子在学习过程中没有得到成就感，家长也没有看到闪光点，于是恶性循环，孩子越来越不想学，家长坚持下去的想法也越来越淡，随着孩子上了小学，学习压力增加，就顺理成章地放弃了对课外兴趣的培养。

我的女儿当初选择钢琴老师的时候，了解了一大圈，拜访了好多老师。有些老师以严厉著称，号称可以让孩子迅速进入状态，出成绩；有些老师以温柔著称，秉持寓教于乐的态度，主张让孩子爱上钢琴，爱上音乐。

说真的，都有道理，但也都有不足，我一时不知该如何选择，陷入了无法抉择的痛苦。直到有一位老师给我讲了她的教学理念，我豁然开朗，直接报名。

这位老师说，孩子学钢琴分3个阶段，初阶、中阶、高阶，每个阶段大约历时3年，她不能确定后面两个阶段孩子跟谁学、还学不学，所以只谈第一个阶段，初阶。

这个时期，第一年，她会非常严厉，孩子可能会非常抗拒。这时候，她需要家长的支持，否则无法继续下去。第一年非常严厉的目的是帮孩子养成学钢琴的好习惯。第二年，她会比较严厉，不断提高难度，施加压力，让孩子保持进步速度。因为有第一年的铺垫，孩子这个时期会比较适应，不过还是内心抵触。第三年，她会相对平和，在教古典乐的同时，带孩子接触一些有趣的曲风，比如爵士乐，为孩子开阔视野，让孩子感受到音乐的魅力。因为孩子在前两年打下了坚实的基础，所以这一年相对轻松的节奏不会让孩子的技艺荒废，反而会点燃孩子内在的学习动机，让孩子自愿接触中阶和高阶的学习。

听了这位老师的计划，我心悦诚服。后面的事实证明，如她所说，孩子学钢琴的步骤完全按照她"预先告知"的步骤发展，对这位起初严厉的老师，孩子在第三年产生了强烈的好感，表示还要跟随她学习中高阶课程。

学琴这件事情，印证了本节所阐述的理论。通过预先计划和沟通，先让参与者了解事情的发展走向，有所预期和准备，再安排前紧后松的实操节奏，把困难放在前半段，把轻松放在后半段，更容易得到完美的结果。

作为团队的领导，与自己的老板保持沟通是第一要务。这在上任之初就要进行，除了通过频繁沟通，明确自身的工作目标和岗位职责，还要清楚老板是否支持自己的节奏计划——通过先松后紧，或先紧后松，或平稳推进的方式开展工作。

举个例子，在沟通节奏计划时，新上任的店长可以这样对自己的零售经理说："领导，关于工作节奏，我有一些想法，请您听听是否合适。

"我打算用1年的时间完成您交代的任务，即在业绩达标的同时，完成组织革新，让团队的离职率从30%下降到15%，让高级导购占比从20%提升到40%。

"在这1年的时间里，我打算执行先紧后松的策略，也就是说，前3个月，我会制定并推行新制度，这期间会保持较强的压力，团队的离职率有可能不降反升，这是正常的。留下来的人都是适应新制度的人，这些人可能是下一个阶段提升的基石。

"之后的3个月,我会继续施压,让留下来的导购快速成长,同时招入更多能适应新制度的员工。

"在这个基础上,第7个月到第9个月,我会根据业绩完成情况进行策略微调,如果有余力,继续挑战更高的绩效指标。

"最后3个月,我会重点关注离职率指标和导购能力提升指标,适当放松绩效压力,更多地组织团建和培训,关注员工满意度,提高团队凝聚力。

"以上是我的初步想法,领导您看合不合适?还有什么没考虑周全的?"

相信大多数零售经理听到这样有理、有据、有节奏的计划后,会吃下一颗定心丸,在接下来3个月的波涛骇浪中静观其变,不会一有风吹草动就质疑新店长的策略,并毫无必要地干扰新店长的正常店铺管理。

对于中国人来说,先苦后甜似乎是一个习惯。如今我们知道了,对于零售业的团队管理来说,先苦后甜也是一个有科学依据的策略,其策略成败的关键在于能否做到在依从原理的同时做一些"对上沟通"的工作。

可以说,类似本节介绍的"峰终定律",许多行为经济学原理在现实管理中有很大的指导价值和借鉴意义,我们能否从中受益,取决于我们是否为理论找到了合适的"辅助"或"打火石"。

依从行为经济学给出的科学依据,仔细琢磨,找到助燃的工具和方法,大家的领导力一定会日趋精进,团队产出一定会日益丰盛。

4.7 团队效率与降低大脑负载
理解大脑记忆原理，改善团队工作效率

一 推崇记忆力的陷阱

堪称最适合成年人阅读的童话经典《小王子》中有这样一句话："完美不是指再没有东西能增加上去了，而是指再也不能拿走一样东西了。"

这是对极简主义的诠释，也是对某种冗余现象的嘲讽。如今，对多多益善的渴望很常见，无论事物本身最理想的状态是什么，在人们的潜意识中，多和大，总是比少和小要好。但其实，人们的这种追求是与人类的内心动机背道而驰的，人类的心理是普遍崇尚简约的，更确切地说，追求的是省力和简单的状态，希望能够最大限度地节省能量。这是人类自古以来的本能，从石器时代起，就表现得淋漓尽致。思维闲置状态下的发呆，就是这种本能的突出表现。发呆让我们放空自己，进入一种舒服、惬意的心境，我们的文化早就把这种状态和"幸福"连接起来了，在许多旅游景点，特别是风景秀丽、节奏缓慢的海滨和山地，常有大块留给游客发呆的地方和场景。

不过，进入工业时代后，教育，尤其是应试教育在我国这几十年的兴起和发展，让人们的欲望和人们的本能渐行渐远。教育机构和学校围绕着各种选拔制度，把努力的方向和成败的关键聚焦于人类智力中的特定一项——以记忆力为基础的大脑读取数据的能力。简言之，就是着重开发记忆力和以记忆力为主的应试能力。

这种能力需要大脑经常性地记住大量的数据，无论这些数据和眼前的环境有没有关联。比如试卷中会出现"'床前明月光'的后半句是什么？"这样的题，即便在考试现场，考生无论如何也体会不到李白当年作诗时的心境和感受。

当大脑经常性地保存这些数据时，更为精妙的复杂运算能力就会下降。在脑科学领域有一种解释，人类的想法是借由各种脑突触的连接产生的，常规性的连接是记忆，非常规的连接是灵感，当一个人记忆的东西很多时，大脑里面的突触连接被占用的比较多，空闲的脑突触能够偶然性连接的机会就会变少。

这解释了为什么一些脑科学家研究发现，爱因斯坦这种天才的记忆力出了名的差，经常想不起来早餐吃了什么、穿过什么衣物，而记忆力特别好的人，大多数没有能够获得突破性的成就。原因之一是，这些人的记忆力太好了，占用了大量的脑突触，用来创新的脑资源就不够了。

我曾经有一位同事，当时任职公司的采购经理，他特别喜欢吹嘘自己的一个能力——过目不忘！他说，无论是在办公室、会议室，还是在餐厅、酒馆，遇到的任何人，只要彼此介绍过，他就能记住对方的名字，而且一年之后再见面时，能第一时间不假思索地说出来。为了验证这位采购经理所言为真，包括公司老板在内的很多人考过他，结果真的如他所说，准确率90%以上，大家心悦诚服，赞叹他天赋异禀。

因为有这个能力，他格外自豪，会在各种场合找机会告诉别人他有这个能力，并定性为自己脑子好使。

直到有一年，公司邀请第三方机构对大客户进行满意度调研。主要供应商、主要客户等利益相关者都接受了调研。没想到，在对公司内部各部门经理的满意度评价中，这位过目不忘的采购经理得分最低，着实让公司从上到下跌破眼镜。这位接触一次就能永久记住对方名字的人，怎么会是满意度最低的人？难道记住名字不是对对方的一种莫大的尊重吗？为什么被尊重的人还会不满意？带着诸多疑问，我们查阅了调研中的补充问题，即不满意的原因。结果显示，不满意的原因填写处，出现频率较高的评语分别是"爱耍小聪明""过于强势，从不妥协""喜欢拖延，不讲效率""原则性较差，公事不能公办"等。

说实话，这些措辞犀利的评语是我们所有人都没有想到的，以至于在给不给他发邮件直接反馈这件事上，我们争论了好久。我们没有想到供应商等利益相关者对这位采购经理的"不满"已经到了如此程度，他几乎成了公司采购部最大的问题。公司老板找他谈话，并与主要供应商沟通，了解事情真相后，处理结果是把这位过目不忘的采购经理调离原岗位，任命了新的岗位。

通过这件事可以看出，能记住人名的确是一个不错的个人能力，但是它与尊重和服务满意度关系不大，也与领导和管理才能不太相关。该事件的后续跟踪情况表明，一位相比于这位采购经理在其他方面更出色的采购经理，即使脸盲、记忆力较差，也更胜任岗位，能获得更温和、更积极的反馈与评价。

遗憾的是，这位采购经理的故事并不是特例，商业世界依然在使用学校的"能力认知传统"（过度看重记忆力）。我们看到，在店铺的日常工作考核中，无论是对店长的工作考核，还是对导购的日常考核，都有着过度强调记忆力的问题。

反映在现实场景中，就是许多零售督导、品牌经理在巡店时，会询问店长滞销款种类和数量、本周顾客进店人数和交易人数、上周神秘顾客寻访分数等。

这些数字的确很重要，但都呈现在后台看板上，一目了然。店长有没有必要时刻把这些数字记在心上呢？在我看来完全没有必要。店长的心智带宽，应该留给更紧迫、更需要及时解决的问题，以及更能高效产出价值的领域，比如如何降低店员离职率、如何提高店员销售能力、如何与商品部人员沟通、如何确保店铺齐码率等。

即便店长还没有成长到位，尚未明确最应该关注的问题，也不应该用记忆力游戏填塞他们的大脑。无数历史事实证明，懒蚂蚁比笨蚂蚁更有价值。每天专注于记忆历史数据，而不去思考数据背后的逻辑，这种管理者，无疑属于笨蚂蚁。

事实上，一名优秀店长需要有的认知是：真正需要记忆的东西，不去记也能记住；那些反复背诵也经常遗忘的东西，根本没有必要记。人们记忆效能的高低，很大程度上取决于人们对目标事件的价值判断！换句话说，如果人们觉得目标事件足够重要，是必然能记住的；如果觉得目标事件不够重要，则会在潜意识里选择遗忘，给更重要的事情留出宝贵的大脑存储空间。

二 释放记忆力的方法

知晓并理解了人类大脑的记忆规律后，我们应该放下对自己和他人记忆力的关注，更有效率、更务实地展开思考，着手处理"无记忆状态"下的工作。

通过我们在店铺日常管理中的反复实践，我们发现，"无记忆状态"并不是灾难，甚至在很大程度上是对员工的解放！因为员工可以把更多的心智资源放在创新性工作上了。员工之所以能够拥有"无记忆状态"，一方面是因为店长意识的进步，能够把考核标准转移到更务实、更有创造性的领域；另一方面是因为新的记忆工具和记忆方法能够更有效率、更低成本地解决需要复述数据的问题。

现在我们就来看一看，这些神奇的管理工具和方法是如何帮助我们释放员工的脑力和潜能的。

（1）看板管理

工作看板是现场管理的有效辅助工具，在生产制造车间，看板也被称作信息流水线，其重要性和生产流水线一样。

在零售领域的店铺后仓，看板用于信息记录和交流，同样非常重要。好的后仓看板，不但能让员工对商品信息和资源配置情况了然于胸，还能激发员工的斗志，帮助员工创造更好的业绩。

关于什么是好的后仓看板，不同的零售公司有不同的定义，通常由公司的企业文化和战略要求确定。不过有一点是统一的，那就是后仓看板有分担员工记忆压力的作用，需要呈现不需要记忆的数据和信息，在员工需要的时候，供其一目了然地查看。

需要注意的是,看板是辅助工具,其功能是给员工减压,如果设计得过于复杂,或者不合理,有可能弄巧成拙,反而变成给员工增添压力的负担。

曾经有一个时尚鞋品邀请了一位著名设计师专门为品牌设计了一套非常美观、雅致、与众不同的店铺看板——站在10米远的距离看,甚至会以为那是一幅蒙德里安的艺术作品。但这个看板有个小问题,就是每个小时都需要店长在上面擦除、添加大量的销售信息,并拍照上传,以便该地区的督导和零售经理及时看到店铺信息。这成了该地区店长的噩梦!为了看板能正常使用,店长成了店铺中最讨人嫌的角色,无时无刻不在询问各种信息并记录信息,根本无暇顾及一线零售事务。

使用这种看板,显然是本末倒置了。

与之相反的例子是,耐克公司设计使用过一套九宫格看板,结构非常简单,使用也很顺手,更妙的是,看板自身结构很有逻辑性,让信息记录者不用多想,就可以按照格子安排分别记录9种常备信息,信息使用者也可以根据自己的需要,第一时间去格子中的对应位置寻找信息。

好的看板设计,就是要起到这种作用,有合理的自身逻辑,且便于使用。

(2) 备忘录管理

店铺中有一些不需要时刻使用,以周或月为周期调取即可的数据,可以放在备忘录中,比如店铺的各种报表、周志中。

这些东西如果被要求每天由专人按时记录、保存、在特定时间检查并上交,便失去了全部意义。备忘录的核心价值在于管理,通过呈现脑力所难存的数据,在特定时刻、特定地点进行数据加工与分析,得出某种有价值的观点,进而影响后续决策。

我们研究发现,为了让备忘录更加便于使用,备忘录中的数据需要满足以下3点。

第一点:标准一致性。

数据记录标准应该前后一致。这种标准需要在备忘录的首页明确列示,以便不同的人记录时，都知道应该遵循哪种标准，不会出现因为记录员变化导致数据不可统计的情况。

第二点：时间周期性。

无论有没有数据更新，都要在相同的时间间隔点记录。这在短期看没有必要，但长期看，特别是使用数据、统计数据时，就会看到重要的作用。通常来说，我们记录的信息，单独看缺乏意义，附加时间后，就会呈现不同的一面，给人们提供意想不到的明示。

第三点：消除有关价值判断的语言。

零售一线记录的信息，往往很难量化，比如服务态度、岗位热忱度等，这个时候，许多人的记录中会有大量的修饰词语，"好""挺不错""很棒"……这种记录之后再看，很容易因为模糊而失去参考价值，白白占用大量的宝贵时间。如果信息无法量化，不如先不记录。

（3）工作日记管理

日记大概是我们最早接触，并且最熟悉的学习工具之一，可能是因为过于熟悉，我们通常意识不到，这也是一个可以在工作中使用的工具，而且是特别有效的工作工具。

在我们的成长过程中，总有一些看似冗余的信息会被提纯成某种启示，比如我在某月1日的日记中写"不知为什么，今天真难过"，在该月2日的日记中也写了"不知为什么，今天真难过"，同月3日、4日、5日……每天都在写这句话，一直到同月30日的日记，还在写"不知为什么，今天真难过"，于是我能够意识到，我的心理出了某种问题，需要赶紧就医。因为及时得到了治疗，我的心态得以好转，次月的日记中，再也没有出现那句话。

这是一个极端且虚构的例子，不过与此类似，那些相对温和、实际的案例在潜移默化中发生着，影响着众多人。对于大多数人来说，无论是在管理岗位，还是在执行岗位，保持写日记的习惯，很可能会在不经意间得到巨大的收获。

比如，管理者可以把不需要记住但觉得有意思的事件记录在日记中，也许是一时的心情，也许是一段趣事，甚至是和顾客的争议。当这些东西堆积起来，你再次审视时就会发现，从量变升华为质变，那些平淡无奇的记录开始熠熠生辉。不需要进行高深的分析，我们也能从中得到宝藏。

（4）在线搜索习惯

"80后"大多有一些对于"神奇"物件的记忆，"神奇"之所以带引号，是因为在那个年代，那些物件并不神奇，而是生活、工作、学习的必备品，只是时过境迁，到了当前这个年代，那些物件淡出了人们的视线，成为已过时的"古董"。

是什么淘汰了字典？是手机！是什么淘汰了《十万个为什么》？是各种在线搜索引擎！

我们的生活、工作、学习中，总会有需要查询资料的时候，在非互联网时代，我们需要去图书馆、博物馆查询，需要记住一些分类学知识，比如所要查询的资料属于哪一学科、哪一科目。而在互联网时代，不用再去记忆这种分类信息了，模糊搜索，就会出现海量的相关信息，我们需要的，只是用一些时间，在这些海量信息中甄别、去伪存真，找出自己需要的东西。如果说在这种情况下还有什么需要记忆的，那可能只是一个意识——有什么不懂的、拿不准的，要记住上网搜索。

这是一种很好的信息采集模式，会大幅度提升我们的认知精准度。在我们需要回答顾客或领导的"刁钻"问题时，不妨找借口离开，百度一下。如果问题真的很常见，几次之后，我们就能谙熟于心了。

是时候回归本源了。要能够意识到，放空自己是一种能力，也是一种提升效率的手段。不需要记忆的信息统统外置，留出一个查询通道即可。那些需要记忆的信息，会在我们反复查询的过程中，自然而然地被我们记住。

本节的最后，让我们记住两句话。

第一句话：知识的浅层是信息，知识的深层是结构。

第二句话：价值的浅层是积累，价值的深层是路径。

4.8 典型性归因与概率误判
针对奇怪店员的合理应对

快到年底了，作为店长，李虹要对全店员工进行绩效评估。业绩方面不用多虑，销售以结果为导向，业绩指标完成了多少，数据一目了然。麻烦的是公司今年改革，优化了评估指标，业绩评分只占总体评分的50%，另外50%来自综合表现和潜力估值。

根据总体评分，李虹店铺的15名员工，有3名可以被评为"优秀"，得到年终大奖。不管谁被评为"优秀"，都是莫大的荣誉，所以李虹丝毫不敢马虎。

前两名没有悬念，从业务能力到在店时间，都是店内毋庸置疑的"顶梁柱"，只有第三人选，李虹在小刘和小陈之间摇摆不定。

从业务能力到公司内部的各项评估得分，小陈都比小刘差一些，但因为小刘有一些"怪癖"，李虹颇为犹疑。

小刘中午从来不吃饭，也不参与任何团队活动。最开始，大家觉得小刘很神秘，久而久之，失去好奇心后，都认为小刘很奇怪，是个怪人。因为这一点，好多次公司让李虹安排员工参加重大项目，李虹都不敢安排给小刘。

有一次，小刘生气地对李虹说："李店长，为什么春季试点门店项目不让我参加？店里的小陈、小张都去了！"

李虹觉得有些心虚，但坚信自己的直觉，回答道："你知道的，试点门店项目有许多其他门店的同事参加，需要良好的团队合作精神，这方面，我觉得你还有待提高。"

听到店长这样说，小刘据理力争："我在团队合作方面有什么问题吗？我哪一次团队工作没有参与？哪一次团队工作没有按要求完成？"

李虹确实找不到证据，只能尝试息事宁人，说一些软话和套话，告诉小刘公司有公司的考量和安排，会根据每个人的特点安排工作，这次不去，下次还有项目，也许就会派他去。小刘勉强被说服了，看似平静地回到了岗位上，李虹却久久无法平静，内心充满了委屈和无措，找上级领导诉说了自己的困惑。

听完整个事件后，零售经理问李虹："你为什么觉得小刘不适合参加这个项目呢？"

李虹回答道："因为小刘是个怪人啊，虽然他业绩不错，但他从来不和团队一起活动。"

经理追问："你是说工作时间以外的时间不参与团队活动，是吗？"

李虹回答："是的，团建活动，他一概不参与，而且中午也从不见他吃饭。这种人去了项目组，我非常担心啊。"

经理笑着说："明白了，你看到小刘是个比较奇怪的人，从不参与团建活动，所以判断他不适合团队合作类的工作，虽然他一直以来的业绩都不错，对吗？"

李虹点了点头。

经理继续说："那么，夏季试点门店项目，咱们试着派小刘过去参加，看看他能闯出什么乱子。不要怕，出了问题我担着。"

"好吧，就听经理的。"

过了几个月，夏季试点门店项目启动，小刘如愿参加。他依然表现得很"古怪"，不过圆满地完成了任务。李虹对于小刘的团队合作能力的怀疑算是打消了，但是"奇怪"这个标签，她还是没办法说服自己从小刘身上摘掉。

李虹对于员工的印象是发自内心的、自然而然出现的，也是合理的。我们每一个人，在生活和工作中，都难免会对其他人有各种各样的看法，好的看法叫"偏好"，坏的看法叫"偏见"。大部分人知道这些看法并不一定客观、公正，但就是无法戒除，每每在关键时刻，都难免受偏见和偏好的影响，不由自主地被左右最终判断。

这种"由点带面"的偏见，不但在人员评估中发挥着作用，在生活中也时常出现。如果不仔细分析，认真思考，很容易进入大脑自动模式——大脑会塞给你很多非常"有道理"的依据，让你听从它的选择。

有一段时间，但凡提到旅游，我就想要坐火车或者开汽车，非常抗拒乘坐飞机，我的妻子问我为什么，我总是说乘坐飞机不安全。我发自内心地恐惧飞行，一想到要坐飞机，就会连带着想到许多空难画面，这令我不寒而栗。虽然我知道，飞机出事的概率，远低于火车和汽车出事的概率，但我就是无法依从统计数据进行更理性的决策，而是任由感性操控。

我的这种对飞机的偏见很常见，在行为经济学中可以找到相关的理论依据，即对"罕见但高曝光事件"的认知偏差——虽然事件发生的频次很低，但因为时常被各大媒体集中曝光，人们会产生一种认知错误，高估该事件的发生频次。这种认知偏见自古有之，很难戒除，因此，我们经常看到，罕见事件的发生概率在特定情况下（有媒体曝光或有亲朋好友被牵扯）被高估。此外，媒体倾向于对事件的声响、画面进行深度加工，让新闻更具刺激性和更生动，这也会大大深化人们的认知偏差。

对于"罕见但高曝光事件影响认知"现象，全球认知心理学大师、诺贝尔经济学奖得主丹尼尔·卡尼曼进行过相关深度研究，归纳出两条核心原理，如下所示。

原理一： 人们不会从基础信息中得到与他们的观点相冲突的推论。

原理二： 人们不愿意在普遍现象中寻找特殊性，但愿意根据特殊现象归纳普遍性。

原理一的意思是，无论面对什么新鲜事物，人们都会找到一个认知框架，即以往的、固有的、对类似事件的基本看法。这种看法可能不够准确，甚至陈旧过时，却是长期经验积累的成果，非常稳固。当面对新的信息刺激时，人们会立刻唤醒自己的"基本看法"，对新来的信息进行测试。一致的信息会被允许进入我们的大脑，成为"新观点"，不一致的信息则会被直接屏蔽。

这在某种程度上可以解释为什么许多人抵触乘坐飞机。为什么虽然飞机的安全数据不断刷新，安全系数日益提高，人们也接收到了这些信息，但就是不愿意改变自己的观念呢？因为这些信息与以往的观念冲突了，更准确地说，因为这些正确的信息被人们的固有观念关在了大脑外。

原理二告诉我们，人们普遍缺乏统计学的知识和使用习惯，尤其是使用习惯。对于普遍现象中的特殊性，人们存在一种心理——这是偶然发生的，可以直接忽略。比如我们在观看阅兵仪式时，看着仪仗队整齐划一地从广场上走过，即便其中有个别士兵面貌奇特，眼睛特别大，或者嘴巴特别红，我们也不容易发现，我们眼中的往往是相貌和身材一模一样的士兵。

而对于根据特殊现象归纳普遍性，人们会生成另一种心理——这是了不起的发现，很有代表性，甚至预示着未来的趋势。举例如下。

当我们走在街边，看到一个出租车司机往窗外吐了一口痰时，我们很可能会说："的哥就是这样，他们的素质普遍不高，喜欢随地吐痰，污染环境。"

当我们看到一个老大爷闯红灯过马路时，我们很可能会说："时代变了，不是老人变坏了，而是坏人变老了。"

当老公或男友忘记送农历情人节的礼物时，我们很可能会说："他是个没有仪式感的人，他从来不记得给我买礼物。"

……

我们特别喜欢归纳总结，而归纳总结的全部依据，可能只是一个突发的偶然事件。

因为我们不喜欢改变固有的看法（偏见），也因为我们看到特殊现象时有盲目总结的冲动，所以我们对一个人的判断，往往是对这个人表现出的奇异特质进行普遍化归纳的结果。

至此，回看本节开篇的案例，我们应该可以理解店长李虹对小刘的偏见了。在李虹看来，不吃午餐、不参与团建活动的小刘是"非常古怪"的人，并认为，这种古怪很可能会波及小刘的工作，影响小刘在未来达成绩效。实际上，小刘只是恰好把自己"特殊"的一面表现了出来，并被李虹捕捉到，成了进行普遍化归纳的素材。

其他同事，比如小陈，下班后经常在外休闲到凌晨3点，有轻度酒瘾；小赵，曾经有严重的暴力倾向，经过3年的心理治疗，稳定了下来，没有再发作；小白，特别喜欢养猫，家里有12只猫，每天晚上还要到小区门口喂养野生的30余只猫……这些人各有各的"古怪"，只是没有被李虹发现、没有被"普遍化归纳"、没有得到李虹的"评判"而已。相比于上面这些人的特殊性，小刘所表现出的特殊性（不合群），甚至可能是最普通、最没有戏剧性的一种。

本节给团队管理的启示是，我们要经常质疑自己习以为常的观感和判断，不要轻易被特殊事件或普遍事件中的特殊性左右，更不要盲目地、迫不及待地开始归纳总结，甚至给出结论。

大多数事件和特征是独立的，除非我们真正使用科学、严谨的方法，以及长期、稳定的数据，推导出其中的逻辑关系，找到相关性依据，否则，受"认知偏差"影响，我们极其容易像店长李虹那样，对他人进行错误的普通化归纳，遭到他人的质疑。

4.9 社会规范还是商业规范
使用不同的规范,改善团队氛围

我在上海培训时认识了一位叫王明的店长,课后聚餐时闲聊,他给我讲了一段有意思的经历。

王明是来自东北的大男孩,身高接近一米九,与人交谈非常直爽,做起事来雷厉风行,浑身上下带着北方人特有的豪爽。店员们都很欣赏王明的这种风格,在店铺做年终360度评估时,王明得到的最多的评语是"有大将风范,小事有担当,大事很公平"。王明很享受这种评价,也不断强化着自己身上的这种特性。

在店铺进行升级调整时,公司派了一位叫陈飞的督导前来协助王明的工作。这位督导职级比王明高,但并不盛气凌人,反而因为王明是资深店长,有群众基础,大事小事都听王明的。这让王明感觉很舒服,和这位督导的心理关系迅速拉近,店里店外都称呼他为陈哥。

一个月后,店铺升级圆满完成,王明张罗着团队搞一次庆功宴,时间定在周五晚上。王明选了一家烧烤店,下班后大家一同前往。庆功宴的气氛极佳,豪气的王明是绝对的主角,督导陈飞也很会处理各种关系,大家嘻嘻哈哈,相处融洽。

本来是非常圆满的一个项目结案,但第二天发生了一件让王明意想不到的事。

陈飞给参加庆功宴的18名店员发了邮件,希望大家分担餐费,并提到这是一笔不小的费用,让王明一个人负担不太公平。计算之后,每个人的费用是120

元。在邮件中，陈飞特别强调，因为他是督导，级别高于大家，所以主动多承担一些不便平分的零头，负担162元。

收到邮件后，王明立刻怒了，但他还没来得及打电话给陈飞，微信上已经收到了十几笔转账，16笔120元，1笔162元。

电话打给陈飞，陈飞还没有说话，王明便破口大骂："你做得太过分了吧！我把你当哥们，你却这样对我。我到底哪里得罪你了？"

陈飞一脸无辜，心想，我这完全是为你着想啊，怎么会惹得你这么生气？！不知所措的同时，他急忙向王明解释自己的用意。但无济于事，两个人观点不同，各自表述，王明的怒气值一路飙升。最后，两人只能冷处理，找借口结束了通话。

其他店员也是心情复杂，本以为是公司福利，没想到最后得自掏腰包。虽说是小钱，但经过陈飞的这一通操作，每个人脸上都挂着尴尬。

王明的这个故事很有代表性，他们会陷入这种窘境，根本原因在于王明和陈飞在使用不同的"规范"处理同一件事情。

王明使用的是社会规范，这种规范源于人类社会长久发展形成的一些默契，比如互惠原则、礼尚往来、江湖道义。

团队干了一件漂亮事儿，领导者请大家吃饭，天经地义。如果不这样，领导者会被认为小气、自私，自身的尊严和威望被贬损。没有什么是比这个更糟糕的了，几千元钱算什么？丢了社会地位，才是无法忍受的事。

而陈飞使用的是商业规范，这种规范源于工业时代以来，人们在职场中逐渐形成的交易规则。

在商业规范中，工作是工作，生活是生活，工作中的任何事情都应该用钱衡量。同事与同事之间的关系再好，也是商业关系，而商业关系最重要的是公平公正、互不亏欠，聚餐这种事情，无论大小，无论早晚，都要AA制（参与某事的所有人平均分担所产生的费用）。

王明和陈飞到底应该用商业规范处理问题还是用社会规范处理问题，其实没有标准答案,并不是说在公司中就必须使用商业规范,在聚会时就必须使用社会规范,这完全取决于参与者的共同认知,以及他们以往的交往模式。

作为团队的领导者,应该主动圈定一个范围,什么样的事用社会规范处理,什么样的事用商业规范处理,并且做好内部与外部信息沟通,让所有与这个团队交往的外部人都能第一时间明白并理解团队特定的处事规范。

比如,在这个事情上,事后反思,王明应该在聚餐前就告诉陈飞,团队在庆功宴这个活动上遵循的是社会规范,领导请客,不容置疑。相信如果陈飞事先了解这种情况,会心甘情愿地配合王明,并且乐在其中。

我们接下来展开讨论在零售团队中经常出现的社会规范与商业规范,帮助读者检视自己所在的商业团队是否存在规范使用混乱的情况。如果读者从来没有了解过这方面的知识,正好可以思考一下,在今后的具体管理工作中,应该引导建立怎样的规范。

(1) 工作日午餐

吃午餐是团队中每个工作日都会出现的场景,同级别的同事之间,基本是遵循商业规范——各吃各的,有时结伴。如果两个人之间非常亲密,有超越了工作关系的友谊,那么轮流请客也比较常见。

跨级之间一起吃饭就比较玄妙了,通常,下级不愿意和上级一起吃饭,除非被上级邀请。这个时候,对于下级来说是商业规范——我的时间被占用,但得到了一顿免费的午餐,属于等价交换,如果这个时候让我自掏腰包,就属于"公司压榨"了;而对于上级来说,和下级一起吃饭本质上是商业规范,不同于同级之间的商业规范,因为职级的差别,这种一起吃饭是工作的一部分,需要由上级付费(使用公司资金或自费请客)。不过,在特定的背景中,如果双方都认可和接受,可以变换成社会规范。

如果吃饭时谈论的主要是与工作有关的话题,就属于商业规范,无论这顿饭是领导自掏腰包还是由公司报销,下级很难领情。如果吃饭时主要谈论的是工作以外的话题，那么就可以归类为社会规范，在这个逻辑中，领导是打造自己尊长的形象，还是可靠朋友的形象，完全取决于双方的关系定位，下级也有可能在这个逻辑中，和上级磨合出工作之外的相处模式。

所以，不是上级请下级吃了饭，下级就要礼尚往来。饭桌上双方聊的话题，才决定吃饭的性质。话说回来，上级通常不需要和下级建立非工作关系，如果真的有这个需要，请先思考清楚，工作日午餐时说些什么，能否把话题锁定在社会规范的范畴里。

(2) 家有喜事，同事聚餐

这种情况遵循什么规范，主要取决于团队以往遵循什么规范。如果是新成立的团队，第一次聚餐时遵循的规范，往往会直接影响后续遵循的规范。

如果团队会在固定时期为固定事件搞活动，比如"每月业绩达标聚餐"，其吃饭的标准、吃饭的时间、列席的次序、是否邀请相关部门的同事，甚至吃饭时的话题，都会像彩排过一样，延续上一次的范式。在这种范式（传统）中，所有社会规范都会转变成商业规范，团队成员不会因为有这些聚餐而对团队有更多的感情。

这就是为什么很多领导感叹，团队经常搞活动，成员过生日、结婚、乔迁……但凡"算个事儿"，都会聚，但团队遇到事儿了，成员一个比一个翻脸快，如鸟兽散，根本不是一条心。

想要通过组织团队活动培育社会规范，有一个方法是出其不意，主动打破员工的"工作日惯性思维"，比如举办一些不定期的、非同寻常的活动，让团队成员有惊喜的感觉。面对这种活动，团队成员是无法依照商业规范为其"定价"的，唯有这种活动，会被团队成员纳入社会规范的范畴。

谁经常"家有喜事"需要庆祝、谁喜欢张罗聚餐，谁就是团队的精神领袖、带头人，大家有事没事就会想到他，也会愿意给他多一份工作之外的支持。如果这个人正好是团队领导，那么团队在商业规范之外的社会规范就算是培育成功了。

(3) 休假期间相约出游

无论是上下级关系还是平级关系，休假期间相约出游，都需要遵循社会规范。注意，任何与商业规范相关的概念和规范，都会破坏出游时的朋友关系。比如，住酒店时，因为你在工作中是领导，所以你提议自己多出一些钱，对方少出一些钱。本来是好心，但这在对方看来，很可能会觉得你在摆架子、耍大牌，下次出游就不会再和你同行了。

如果你是下级，对方是领导，你处处照顾对方，让对方优先，也不合适，很可能会让对方感觉尴尬、不自然。这时候，需要完全放下商业规范，坦坦荡荡地像朋友一样相处，这样才会在你们之间打造新的相处模式——工作中的上下级，生活中的好朋友。

如果相约出游发生在同级之间，相处模式大概不会有问题，唯一需要注意的是，出游期间最好绝口不提工作中的事，不讨论利弊，不交换利益，不给未来增添不必要的麻烦。

(4) 出差后赠送同事小礼品

许多团队有出差时给同事买小礼品的习俗，这会演变成一种很"讨厌"的商业规范——你买了，别人除了很假的一句"好漂亮啊，太谢谢了"，不会有额外的任何感激；你若是没买，则会被别人在背后数落：不懂事、小气鬼、没有团队意识……

面对这种可能性，团队领导者应该带头阻止这种行为的出现，带头不给团队买礼物。这样，团队成员未来出差时能轻松很多。不过，总会有"冒失鬼"出现，破坏规矩，这时候也不应该指责他，毕竟他可能只是对团队文化不甚了解。找他进行一次私人的、诚恳的沟通就好。同时，可以在团队内部进行一些必要的"淡化"操作，这种操作的关键在于，不要给予任何正向反馈或者负向反馈（表扬或者批评），当成什么都没有发生即可。

我们应该明确，买小礼品本身没有什么问题，偶尔赠送同事一些小礼物是可以增进同事之间的友谊。但在现实中的商业团队中，送礼品和下班后的聚餐不同，属于商业规范，无论喜不喜欢、认不认可，都是用来完成潜在利益交换的。如果这种行为成了一种规定动作（而非即兴、偶然），就会在团队中形成一种"潜规则"——所有人都必须遵照执行，否则会被边缘化。在这种情况下，小礼品本身的价值就丧失了，在每个人都就范之后，送小礼品不但起不到互惠作用，而且会让团队的商业规范更加冗余，平添无谓的麻烦。如此一来，这种行为就真的得不偿失了。

关于商业规范和社会规范的应用，在行为经济学领域还有很大的探讨空间。对于零售团队管理，甚至更大范围的商业经营来说，未来可以开辟一种很有价值的研究：通过策略性的规范转换，快速且自然地改变人们的行为。

有如下一个故事，可供我们参考和借鉴。

乔纳森80岁了，住在美国得克萨斯州的一个小镇子上。他平时最大的乐趣是一个人待在院子里看书，最近，镇政府增设的一个便民设施让他很是心烦。

原来，镇政府在他家的旁边修建了一个花坛。这本是一件让人高兴的事，特别是距离花坛最近的乔纳森家，每天都沉浸在花香中。可是因为这个花坛，周围的孩子都聚集了过来，在这里打闹嬉戏，花坛成了小镇最热闹的地方。乔纳森想去驱赶孩子们，但不忍心，而且不占理，毕竟花坛在他家的外面。不驱赶，又实在恼人，孩子们的笑闹声使他根本看不了书。

有一天，乔纳森想到了一个好主意。

他走出大门，给每一位玩耍的孩子发了两颗巧克力，说这是他们每天来玩的奖励。孩子们自然很开心，玩得更尽兴了，而且吸引了更多的孩子前来玩耍。

过了一周，他把奖励给孩子们的巧克力从两颗减少为一颗。孩子们有些不开心，但也接受了，毕竟在玩耍的同时能免费得到一颗巧克力，也还不错。

又过了一周，他不再给孩子们巧克力了，并且明确地对孩子们说，不会再有巧克力了，但还是希望他们在花坛边玩。孩子们生气了，纷纷叫嚷："不给巧克力,还想让我们在这儿玩?想得美!等什么时候有巧克力了,我们才会回到这里,哼!"说完,集体跑开,去其他地方玩耍了。看着孩子们一溜烟跑开的身影,乔纳森的嘴角露出了一丝满意的微笑。

4.10 行为经济学视角的团队效能评估
对"开心果量表"的认知和操作

　　IBM管理咨询曾经是IBM公司的一项重要业务。2005年,IBM公司把笔记本业务卖给了联想公司,但保留了IBM管理咨询业务团队,足见管理咨询是IBM更为重视的核心业务。IBM管理咨询业务团队有过很多影响深远的研究和发现,其中有一项关于"团队中的成员在什么情况下会拥有最大的满意度和最强的归属感"的研究颇为引人注目,其成果被很多公司借鉴。

　　IBM管理咨询业务团队对上百家客户公司进行了调研,分析团队成员在什么样的团队中会感到开心和充实,并愿意尽全力帮助团队。得出的结论可以归纳为两条,如下所示。

　　结论一:成员在团队中不可或缺,扮演重要的角色;

　　结论二:成员所属团队在公司中不可或缺,被普遍认为是成功的团队。

　　这两条结论同等重要,缺一不可,而且相互之间有不可分割的关系。我们可以用行为经济学的视角,将其总结为自我局域重要性和自我外延重要性。

　　自我局域重要性,即自我在认知圈层中获得价值认可的程度。它指的并不是岗位层级,这两者是不同的。我们可以看到,在有些团队中,如果团队管理者的领导力、品德、业务能力不足,并没有获得团队的普遍认可,很可能会成为团队中最被忽视和排挤的角色，而有些基层员工，如果业务能力、团建能力等能力极为突出，在团队中非常重要，有可能拥有反超团队管理者的影响力。这源于团队成员的主观感受和反馈，本质上是团队对其价值的认同度。我们可以通过360度评估，获得有关该评价的比较客观的数据。

自我外延重要性，是当团队中某位成员把"自我"的范围扩大到整个团队时，感受到的其他利益相关者对自己所在团队的总体评价，在心理学上，也称自我的外部投射。比如，你在公司的销售一部，该部门是公司业绩的"顶梁柱"，全公司50%的销售业绩由该部门完成，公司其他人看向你们的目光充满了钦佩和敬畏，那么，你在这个部门所获得的自我外延重要性就很高。通常，大型公司会在年底做跨部门的满意度问卷调查，和高层领导的评价放在一起，作为"部门外部评价"这项指标的参考数据。

当以上两个重要性都处于很低的水平时，成员会感到气馁，既没有斗志，也看不到希望。如果成员对自己的职业发展还有期许，那么有很大概率会伺机而动，随时准备跳槽。

当成员感到自我局域重要性很强，但自我外延重要性很弱时，该成员很可能是边缘（弱势）部门的骨干。在零售业，这类成员有很大的被"挖墙脚"的可能性。如果团队的黏性不够，且高层领导没有意识到这种情况的严重性，成员流失只是时间问题。

任命这类成员为团队负责人是一个权宜之计，但持久有效性存疑，特别是在成员尚且年轻，心气很足的时候，他可能会在机会面前毅然决然地选择离去。

还有一种普遍情况是成员的自我外延重要性很强，但自我局域重要性很弱。这在本书的主题领域——零售业尤为明显。

在零售公司，销售门店是格外重要的机构，如果成员所在的是明星店铺、主力店铺，自我外延重要性会格外强。这个时候，如果成员因为自身能力和影响力不足等问题，感到自我局域重要性很弱，会产生畏难情绪，不敢尝试新任务，不敢突破自我。作为团队的领导者，这时候如果能及时发现并鼓励这些成员找到适合自己的"影响力路径"（比如有些人销售能力不足，但辅助意识很强，总能像"及时雨"一样在关键时刻冲到一线进行补位），这些成员同样能够在团队中找到价值感。

以上场景，是团队参与者、管理者、公司高管所应该意识到并去施加行为影响的，我们称之为让团队更加幸福的必经之路。不过，在实际零售工作中，我发现，接受以上两个结论是比较容易的，践行以上两个结论则是非常困难的。许多零售经理、店长虽然能够理解"让每个人都感到自己很重要"和"感觉自己在一个很重要的团队"对于提升团队效能的重要性，但不知道应该如何做，也不知道应该如何检验自己努力的成果。

鉴于这种情况，我对IBM管理咨询业务团队所发现的问题进行了剖析，通过在若干店铺进行实证和测试，溯源到核心点——成员感到开心和充实，并愿意尽全力帮助团队。围绕这个核心点，我开发出一个被称为"开心果量表"的工具。

开心果量表见表4-5，是一个非常简单的表格。通过对表格中的4个维度（友善值、互动值、同理值、真实值）进行评分，我们可以大体观察、分析一个团队的开心、充实、助人为乐水平。

虽然该工具不如IBM管理咨询业务团队的两条结论那么触及本源（逻辑上似乎也不是很相关），但在落地执行方面和测试团队成员幸福度方面，该工具更具可操作性。在团队的日常管理中，我们可以通过对这4个维度指标进行逆向识别和微调，提高团队满意度。

表4-5 开心果量表

受评人		评价人	
岗位		评价时间	
维度	定义	评分（1分最低，10分最高）	
友善值	面容友善，常带微笑，礼貌且友好地与别人相处，不容易发怒		

续表

维度	定义	评分（1分最低，10分最高）
互动值	喜欢帮助他人，也喜欢被他人帮助，团队工作中经常有他的身影	
同理值	富有同理心，能理解、体会别人的心情，在恰当的时候说恰当的话	
真实值	为人诚恳，表露真实，别人能看到他的优点，也能看到他的缺点	
得分总计		

虽然表4-5中的指标本质是个人心理层面的反应，但可以被成员在工作中的行为表现出来，具有可观察性和可追溯性。通常，该表由团队中的教练或者咨询顾问观察团队一段时间之后进行填写，并给出分析结论。填表时需要测试者前后一致，即由同一个人或者同一个团队完成测试，这样可以最大程度地削减题目的主观性强带来评估差异。

在没有外部咨询顾问和教练的情况下，可以参照360度评估，在团队内部进行团队自评并汇总。因为团队成员基本稳定，所以评估结果可以被认为是稳定的。对评估后的数据进行汇总，可以推导出团队效能方面的大体结论。

在对该工具进行实际应用的过程中，我们获得了一些有意思的发现。我们注意到，友善值很高的团队比较常见，大约占试验店铺的80%；真实值很高的团队比较罕见，大约占试验店铺的20%，而这20%的店铺大多有着很高的友善值、互动值和同理值。

根据这些发现，可以推断，一个团队的开心度是阶梯状的，具体的路径是首先积累友善值，其次积累互动值，再次积累同理值，最后积累真实值。

（1）友善值

团队友善值是比较浅层和基础的指标，同时往往是新成立的团队最在意的指标。许多零售团队的管理者甚至会通过硬性要求，比如挂标语等方式来促成团队友善值的提升。这有些奇怪，但很好理解，事实上，这种做法大多收到了预期效果。

要知道，许多团队的高绩效，最开始的确是通过硬性要求促成的。

（2）互动值

团队互动值在友善值的基础上上升了一个台阶。提高团队互动值，需要团队中的大多数成员有助人为乐的意识和习惯。如果某个团队中的某个成员喜欢和别人互动，但该团队没有这种氛围，那么这个成员会成为异类，慢慢地，不是他选择离开团队，就是他被团队边缘化。

高互动值和高友善值一样，在某种程度上是营造出来的，很难一蹴而就。流程再造、榜样塑造、点名表扬等举措，能够推动这种氛围的营造。

（3）同理值

团队同理值很高，说明团队成员已经从工作关系进阶到更具黏性的情感关系了，这是很多团队领导者可遇不可求的团队关系。情感关系强的团队，愿意彼此分享更多，也愿意替同伴分担更多，这种团队在面对危机的时候更有战斗力，也有更大的概率转危为安，成为最终的幸存者。

与友善值和互动值不同的是，同理值的积累和提升很难通过硬性要求达成，这需要团队内部真的有凝聚力，并且团队成员能通过彼此配合和团队培训不断提升情商，越来越深刻地理解同理心的作用和效能。

（4）真实值

真实值是最高阶的团队指标，它的高分值，意味着团队内部的信任度很高，团队成员可以毫无顾忌地袒露自己的弱点和缺陷，也可以公正善意地看待别人的瑕疵和问题。

这种团队非常少见，一旦遇到，成员和外界都会感受到强大的力量。而且，这种团队通常是长期磨合的结果，是经历了许多风雨的，非常稳固，面对外敌有同进同退的气势。打造和经营这种团队可以作为团队管理者的一个目标，通过前3个指标的逐步提升，获得该指标的提升基础。注意，该指标属于领导力指标，团队管理者必须以身作则，勇敢、真实、宽容，长此以往，团队成员才会被激发、点燃，逐一蜕变为真实值很高的员工。

开心，不是团队所追求的唯一目标，但绝对是值得追求，并且回报巨大的目标。

开心，意味着团队中的每个人都获得了自我认同与外部认同，也传达了具有诱惑力的气息，能引起公司内部其他团队的羡慕和效仿、激发供应链条上合作伙伴的向往和认同、抢占与竞争对手在人才争夺领域和商业价值观领域竞争的战略优势。

可以毫不夸张地说，当人们看到某公司的员工工作时和下班后都非常开心的状态时，那些"苦瓜脸"扎堆的友商已经毫无悬念地输掉了未来。

4.11 用行为经济学原理更新团队认知1
接纳未知，探索未知的意义

首位普利策奖获得者赫伯特·贝亚德·斯沃普有一句名言："我给不出一个万无一失的成功法则，但我能告诉你一个万无一失的失败法则——一直努力取悦所有人。"

这条法则可能是团队管理者最需要铭记的一条法则。经过对零售业团队的长期观察，我发现，可能是受这个行业的特质影响，从基层起步，努力晋升成功的员工普遍渴望获得所有人的认同、渴望取悦所有人，在他们成为基层领导，甚至中高层领导后，也难以戒除这个渴望。成也萧何，败也萧何，最终，他们往往会陷入取悦的泥潭无法自拔，让团队停止成长，让业绩失去提升动力。

我问过许多零售经理一个问题："你认为哪一项工作是日常工作中最难应对、最需要帮助和支持的？"

出现频率最高的回答是"辞退员工"。绝大多数零售经理给出的理由趋于一致，大意为做零售很辛苦，蚊子腿上打肉吃，就算能力不足、无法胜任工作，也是辛辛苦苦地、半年跑坏几双鞋地努力着，辞退这些员工，真的不忍心，不知道该怎么和他们说。

考虑到零售业长期偏高的人员流动水平，零售经理们真是每天生活在热锅上。

没有办法心安理得地当"恶人"，必须在"凶狠"之后承受巨大的心理负担是零售业管理者普遍的苦恼。其中的根本原因，是他们对于世界的基本认知不正确，或者说，他们缺乏认知世界的正确态度。

还记得线性错觉吗？人们普遍觉得世界是因果必然的，我们都生活在机械宇宙中。但事实上，世界是非常非线性的，有许多我们没有掌握的科学知识和规律存在，这些我们知识范围之外的东西，在深刻地影响着我们的生活。

如果你没有意识到这一点，没有这种面对"不可知"、接纳"不可知"的觉悟，那么你恐怕会战战兢兢、唯唯诺诺地生活，缺乏"无所谓"的超脱态度。

需要注意的是，这里的"无所谓"不是毫无责任感、混迹人生的态度，而是因为对世界有更深切的理解、更客观的认知，所以更现实、更理性的态度。

本书提到的行为经济学原理，有一些是常见的，并且有异曲同工的经验、方法的，还有一些是少见的、违背传统认知的。当我们有了某种超脱态度，我们才能客观地、冷静地看待这些行为经济学原理，对其中有理有据的部分进行充分吸收，内化为我们的知识和见识，提高我们未来思考和决策的准确度。如果我们过分执着于固有认知，就容易陷入大脑的控制，即被以往思维和经验控制，排斥未知，厌恶或恐惧陌生信息，自绝于成长。

这一段有些抽象，不好理解，在我苦思冥想应该如何表达的时候，脑海中突然出现了一个人影，我的老同事老卓。

老卓不是原名，是别人给他起的外号，因为他在大学时期就给自己确立了一个崇高的理想——成为"卓越"的代言人。久而久之，外号成了他的形象，这个形象深入人心。历经20年，从小卓到老卓，很多人已经想不起他的本名是什么了。

老卓大学时学的是营销专业，毕业后进入一家大型广告公司，加入市场部，做与市场营销相关的工作。从文案做起，到创意执行、媒体策划、公共关系，可以说，市场部的工作他都做过，即便不说精通，也算是熟悉。

老卓的工作态度可谓兢兢业业，所经手的事情，不分大小，都力求做到完美。这在他作为普通员工的阶段是没有问题的，而且，团队领导通常很喜欢这样的员工。但随后，他因为表现优秀被提升为团队管理者，即市场部主管后，诸多不可预见的问题接二连三地出现了。

第一波问题是曾经的同伴对他"反目成仇"。团队中有一个强大的成员，这是一件很幸运的事，好比葡萄牙队拥有C罗、阿根廷队拥有梅西，同伴们能因为超级明星的存在受益。但是当明星角色转变，成为大家的教练或领导，团队成员会从心态到行为发生翻天覆地的变化。

那些能力不错，也很努力的成员可能会想："凭什么是你升职，不是我升职？"从而在工作上生出抵触情绪。那些能力一般的成员可能会想："之前和和气气的，当了领导就开始提各种要求、给各种命令，真是过分！"进而心生厌恶，不愿配合。资历尚浅、能力不足的成员也很少自然顺从，可能会想："平时暴露了太多自己软弱、懒惰的一面，怎么办，这下把柄被抓住了。"因此小心谨慎，故意躲开。

处理好与这些"反目成仇"的团队成员的关系，着实是一件难办的事，好在老卓是个善于沟通的人，工作之余，一有时间就找大家谈心，终于获得了团队成员对他的新角色的认同。

一波刚平，一波又起。在逐步得到部门内部认可的同时，关联部门的抵触情绪日益严重。因为老卓高标准，严要求，部门的成果输出水准很高，这极大地拉高了公司高层的评判标准，一些高管开始对其他平行部门看不顺眼，提出批评："你看看人家市场部，出品必是精品，再看看你们，一个图表做3天才做出来，还有一大堆瑕疵，作为同公司的同级部门，这样不行啊。"

职场中有一种"出头鸟效应"，说的是一个部门挨批，会自我反省，努力改进；两个部门挨批，会在反省之余一起抱怨；多个部门挨批，则很可能同仇敌忾，对受表扬的"刺儿头部门"群起而攻之。

于是，老卓的市场部遭受了各种明里暗里的非议，部门和其他部门的关系越来越坏，之前口头协商就能解决的事，现在要白纸黑字才可行。眼看阻力越来越大，老卓开始东奔西跑、修复关系，忙得像一个救火队员，导致本部门的工作因疏于管理而逐渐平庸。这倒是产生了一个意外的效果，其他部门的非议少了，公司高层也不再把所有赞誉给市场部了，市场部又一次和其他部门坐在了一条长凳上。

解决了这些困扰之后，最糟糕的情况出现了，老卓的身体出了问题。在一次客户答谢会上，3杯酒下肚之后，老卓突然当场晕倒。救护车迅速赶到，经过抢救，老卓总算保全了性命。

原来，老卓一直患有轻度的缺血性脑卒中，但他从来不重视，觉得这是中年人的常见病，日复一日地拼命工作。没想到，自己并非天选之子，该来的终究会来，小病恶化成大病。

在这之后，老卓的家人和孩子对他进行了严肃且强硬的"教育"，老卓终于开始重新思考人生。

老卓向公司领导提出辞职。公司领导很理解老卓，但碍于没有接班人，提出想请老卓暂留原位，帮公司选拔并培养市场部接班人。公司给出的条件是不需要老卓操劳实际工作，全部门这期间也没有绩效压力，一年之后，等接班人到岗并胜任，由老卓自己选择，可以当顾问，继续为公司服务，也可以提前退休。

老卓同意了。

就在这一年，出乎所有人意料的事情发生了。

本来大家以为，老卓要退居二线，市场部的工作质量会出现显著下滑，团队的精气神也会松懈下来。然而，奇怪的是，老卓的确不再事事过问了，部门出品的东西也不再像从前那样，要提前一天通宵优化好几次，做到精益求精了，但实际效果并不比之前差，与同级部门的配合也没有出现任何问题。而且，因为部门员工的空余时间增多，反而有更多人会在部门头脑风暴会上提出好点子，部门更具创新性了。年终绩效评估的时候，部门甚至得到了创立以来的历史最高分。

面对这一切，老卓陷入了深深的思考，自己过去付出的努力，难道只摧残了自己的身体、折磨了部门的伙伴，其实毫无价值吗？

这个问题最折磨老卓的也许不是负面结论，而是他或许永远得不到确切的答案。

工作的努力程度和结果正相关，这个在理论上本应毫无争议的问题，在许多人的实际工作中成了一个玄学问题。和老卓有着相似经历和感受的人很多，他们在付出和收获不成正比的旋涡中迷失了方向。

随着对人们的理性和感性的认知逐步加深，以及对商业职场中行为表现的深入研究，逐渐成熟且经过实践验证的行为经济学理论会帮助人们更清醒、更准确地看待努力和结果的关系。

跟随着行为经济学的研究步伐，带着其所倡导的"叛逆观念"，我们放下了以往的成见，放下了令自己自豪的经验，放下了多年积累的习惯，甚至放下了从不曾怀疑的信仰之后，我们会距离真实世界更近一步。这时候我们或许会发现，原来自己以往的很多坚持是空中楼阁，我们并不清楚世界的真相是什么。

苏格拉底给后人的最珍贵的认知，或许是他的"无知之知"。他曾反复强调他最好的智慧——认识到自己的无知。如果仅将这句话解读为谦虚，就过于肤浅了。与其说"无知"是一种态度，不如说它是一种方法，在剧烈变化的世界中，信息和知识在日新月异地更替，环境和观念在交融中更新，无知之知，最有可能在面对未来难题时大放异彩。

或许，是时候重新建立一种认知世界的方法论了。用真正开放的心智接纳真实的世界，用事物发展的本来面目建立认知和观点，而不是相反——执着于以往的认知和观点，选择性地看待事实。

当我们刻意地培养了自己对"未知"的接受，并习惯于这种新的认知态度，我们的团队建设和公司经营势必会呈现不同的面貌。

4.12 用行为经济学原理更新团队认知2
自由意志与自由选择原则的应用

彼得·圣吉在他的著作《第五项修炼》中有一段精彩的论述："我们必须记住，进行任何个人成长的修炼都应该是自愿的选择。不能强迫任何人进行自我超越的修炼，强制手段一定会产生事与愿违的后果。组织机构如果过于咄咄逼人，强行推动大家进行自我超越的修炼，就会遇到很大的麻烦。"

如今，对于很多公司来说，这句话依然有教育意义。对于零售业的各大公司来说更是如此。因为发展历程漫长，且较少涉及前沿科学，在深受古典管理学熏陶的情况下，零售业的各大公司对待员工有着天然的军事化、家长化、强制化倾向。"自由"这个词，对于零售业中的管理者来说，是个稍显陌生的词。

如果我们没有兴趣或动力改变现状，且能够接受自己一直在红海里挣扎的现实，那么确实可以这样继续下去，把手头的"例行公事"做好。努力再多一些、汗水再流一些、时间再长一些，运气足够好的话，可以忍受到退休。

如果我们受够了这种挣扎之路，想要走一条不同的路，类似于电器产业、信息产业、生化产业、AI产业，以及可以预期的前仆后继的更多产业所走的路，希望创新者淘汰守旧者，行业更迭产生新的动力，那么，重新思考零售，重新整合团队，用一种貌似"相反"的、更理性却更偏离传统的方式行动，或许才是可行之路、告别平庸之路。

接下来我们谈一谈为什么所谓的自由意志对团队的发展那么重要，以及用行为经济学的视角，应该如何看待自由意志内在的理性和科学。

(1) 目标一致性的自发原则

无论你是西方管理学的坚定簇拥者，还是东方管理学的布道士，谈到目标一致性这个话题时，基本会有非常统一、鲜有争议的观点。

这个"常识"似乎被所有人认同——如果团队有相同的目标（或将其称为愿景、使命、梦想等），团队就会更强大、更有凝聚力，团队成员也会更幸福。如果说这里面存在争议点，那也仅在于目标应该由谁提出。

根据"禀赋效应"，我们知道，自己已拥有、可控制的东西会被认为"有更高的价值"。同理，如果组织目标是我们提出，或者我们长久以来深深认同的，那么它给我们的价值感和使命感会更大、更强、更持久。

如何让组织目标来源于组织成员？或者换一种更现实的说法，如何让组织高层提出的目标被组织基层认同、内化？这是组织做目标一致性的核心所在。

关于这个问题，日本著名实业家稻盛和夫说过一句话，非常有启发意义："服务世界的真诚愿望会引领我们找到心的行动。"

这句话的核心在于，人们需要被更宏大的、超越个人小目标的目标引领，以此找到"正确的行动"。

而人们之所以愿意接受组织提出的大目标，让其替代自己原先的小目标，做出牺牲和妥协，主要是因为组织的大目标是崇高的、真诚的、超凡脱俗的。

如果一个组织的目标是一年赚到1亿元、3年赚到5亿元、10年赚到20亿元，那这个目标明显不崇高，甚至非常庸俗。我们可以说它实际，但拥有这样的目标并不会让员工拥有价值感和使命感。如果组织的目标是服务更多的人，让人们拥有前所未有的体验，就明显高级了一点，距离幸福更近了一点。如果组织的目标是让世界的快乐浓度增加10%，那这个目标就非常的高级，并且有了些许科学的味道。

如果目标只是随口一说的哗众取宠的漂亮话，也无法有强大的感召力，大概率会成为公司董事会上用来自我感动的东西。目标必须真诚，从上至下，全员接纳并践行。真诚的目标是有行动方案和子目标支撑的，不是挂在墙上无人问津的东西。

此外，目标最好能够超凡脱俗一些。当某公司提出"让世界变得不同"这一目标，"与众不同"这一目标就显得平淡无奇，甚至有东施效颦之嫌。这个时候，提出"创造多元化的世界"会相对特别一些，也会让公司成员更容易接纳和执行。

好的目标，很容易获得员工的共鸣，一旦发生了共鸣，目标就被员工所"拥有"，员工会像对待自己的孩子一样，自发地给予这个目标呵护和照顾。

而这一切的前提，在于员工是自发的，而不是被迫的！比如，员工第一次听到组织目标的时候，是以这样的方式："这是我们的组织目标，如果你也认同，那么它也是你的目标，相信你的到来会让它更快地实现。"唯有给予员工尊重与自由意志，才能让员工真正地感觉自己拥有这个目标。

（2）自组织的自生自发原则

系统科学中有一个词，自组织。一个组织中，除了由上而下专门规划、制定的可以画入组织架构图的关系，还有若干隐藏的关系，这些关系就是组织表层下的自组织。

自组织往往扮演着重要的角色，补充并润滑着解决正式组织无法解决的问题。自组织是组织上层"规划"不出来的，甚至可以说是不以大多数人的意志为转移的，是群体博弈的结果。这种自发的自组织通常有3种类型，其一是积极正面的、对组织有帮助的自组织；其二是消极负面的，对组织有伤害的自组织；其三是碌碌无为的，对组织来说可有可无的自组织。

有意思的是，当组织高层想要扼杀自组织、管控自组织时，自组织往往会变得消极负面。比如，当组织要求员工用自己的自媒体传播组织信息时，员工往往会非常抵触，一条"广告"信息后，经常跟随若干条私下的负面评价和抱怨，这实在是得不偿失。而当组织想要鼓励、帮助自组织发展时，自组织焕发的活力及其给予组织的回报常常是巨大的。比如，当组织支持参加社区篮球赛的公司非官方小团队，并主动给予其训练假期和经费时，整个社区都会认定这个组织是一个高福利的、关心员工发展的优秀组织。

目前，总体来说，大多数公司对于组织的看法还是过于传统，延续着一个世纪之前的那种"科学管理"套路。

或许，我们可以从更本质的层面入手思考这件事。在某种程度上，组织和管理团队不是技巧的堆积和法则的堆砌，而是为了实现某种价值而做出的选择。只有当我们意识到这是一种真实存在的选择的时候，才能从更高的层面上认知管理、理解组织，进而对组织的现实和组织的未来有更真实和准确的判断。

注意，"组织"并不是唯一的选择！假如世界在没有组织存在的情况下可以运转得更好，带给更多的人福利，那么组织就没有必要存在。从这个角度思考，或许能更好地考量组织价值。当我们可以理解无组织的效益时，才会更真实、更深切地理解组织带给人们的好处。

管理者有了不破不立的觉悟后，对组织的看法和管理方式会变得更为灵活，组织中因自由意志而释放的良性、自发性行为也会更多、更持久。

（3）危机管理与重生原则

美国风险管理理论学者纳西斯·尼古拉斯·塔勒布在著作《反脆弱：从不确定性中获益》中谈到了一个观点——危机是没有办法预测的，也是没有办法预防的，人们面对危机的唯一方法是让自己具备反脆弱的能力，通俗来讲，即自我再生能力。

我们以往在商学院里学习的危机管理和塔勒布的理念是完全相反的,商学院指导的危机管理有一种基础假设——未来是过去的线性演变,即相信世界是线性的。

在这个认知基础上的危机管理,不可避免的操作方法是总结以往的错误,多做几套危机预案。比如,孩子读幼儿园时画画不好,于是在他读一年级的时候给他买了一整套《幼儿绘画教程》;结果他读一年级时的问题不是画画不好,而是数学口算很差、拼音错误率高,于是在他读二年级的时候给他买了几套《数学口算王》和《拼音速掌握》;读二年级时,孩子又出现了新问题,读三年级时继续补,周而复始,无穷无尽,家长越来越累,孩子的学习依然没有长进。这是许多家长面对孩子学习问题时的危机管理方法,站在旁观者的角度,很容易发现问题,但诚实地自我反思一下,我们是否也是用这样的逻辑在处理孩子的学习问题呢?

悲哀的是,不仅在育儿领域,在我们的工作中,无论是管理岗还是执行岗,其危机管理通常也是在延续商学院理念,即前文提到的制定预案型危机管理。比如,要求管理者根据经验,即之前经历过的错误和危机,制定几套不同的方案,并毫无保留地相信,只要管理者的经验足够丰富,未来的任何危机,都有一套当下的预案可以应对。

是时候放下这种濒临淘汰的观念了!事实上,在每年倒闭的成千上万家公司中,几乎没有一家是没有风险预案的,这些公司之所以被市场无情地淘汰,不是因为错误地预测了未来,而是因为预测了未来并相信自己预测的未来。

任何组织,如果管理层喜欢预测未来,并相信自己的预测,这个组织是极端危险的。

截至目前,理性的做法是不去预测未来,取而代之的是鼓励组织中更多的自由意志去自由发挥,创造更多的组织弹性,尝试更多的变化及可能性,从而让组织在未来拥有更多"反脆弱"的能力。

还记得第一章介绍的波峰波谷游戏吗？我们所能做的最理性的事，不是创造波峰与波谷，而是面对现实，在波峰中尽可能发展得更好，在波谷中尽量降低损失。

组织要建立一种信念——和个体生存不同，组织生存的关键不是不死，而是不断重生。不仅是组织的所有者和最高层，组织中的每个人都应该理解和拥有这种信念。组织全员拥有这种信念，意味着组织中的员工不是部门中僵化的组成部分，会在部门瓦解时无可避免地被淘汰，而是组织中自由飞翔的灵性元素，在一个部分死亡时，他们可以飞到另一个部分，继续发光发热、创造价值。

当组织自上而下地有了"重生"的觉悟和信念，这个组织是异常强大的。

（4）顽强且充满弹性的演化原则

系统的发展通常是从简单开始，逐步走向复杂的，这符合世界的基本发展规律，也符合经济学中的效益原则。但过度复杂不仅不会让系统变得更好，反而会让系统过载，承受不必要的压力。这种情况在很多旧时官僚部门中可以看到，部门的任务很少，组织架构却很庞大，结果通常不是人员闲置、无事可做，就是人员被给予了不适当的任务，如每天处理大量的行政表格、材料等，焦头烂额，不清楚岗位最本分的职责是什么。

之所以会这样，是因为很多人喜欢制定规则。制定规则会带来一种操控的愉悦感，也会带来一种幻觉——一切尽在掌握之中。但是，要知道，组织的意志就像一个封闭的大缸中的分子，被控制的意志越多，自由意志就越少；组织高层越强势，组织基层就越盲从，这就是稻盛和夫所主张的"释放潜能"的反面！

如果我们能够意识到这一点，意识到我们理性中的这种陷阱，有意识地"放手"，释放更多的自由意志，给组织一个自我适应的过程，演化的方式就会在组织中逐渐更新。完成更新后，组织会按照先从0到1、再从1到2、从2到3的自然法则来生长，顽强且充满弹性，而不是相反，先自以为是地设定一个3，再想方设法地寻找支持3存在的理由，于是找到9个大理由、27个小理由，没完没了地沉浸在亡羊补牢的游戏中。

演化原则远没有看起来这么复杂,它只是需要一些远见和勇气,以及一种意识:任何时候都不为没有发生的事情费神!

我们再来回顾一下前文提到的4个原则。

原则一:目标一致性的自发原则;

原则二:自组织的自生自发原则;

原则三:危机管理与重生原则;

原则四:顽强且充满弹性的演化原则。

对这4个原则的实践,并不是绝对意义上的自由,即不是类似于庄子的无为之治,它依托的是行为经济学界普遍认可的一种核心理念——尊重未知,渴望潜能。

在这4个原则的根本理念中,有对自由意志的信任,也有愿意通过全组织的努力释放潜能的决心。

此外,对践行这些理念的团队和组织进行研究后发现,这些团队和组织普遍有更高的战略响应度、更好的战术完成度,且其成员普遍感到安全,人和组织之间的关系更为协调!如果你也需要团队成员拥有安全感,在不恐慌、不焦虑的状态下努力工作,那么,这些原则应该可以帮到你。

结　语
epilogue

心理学家乔纳森·海特说过一句话："感性细节掌控理性大局。"其深层意思是，我们所不甚了解的事物，在根本上决定了我们处世的方式。换句话说，许多我们认为不重要的东西并非真的不重要，我们认为不重要，仅仅是我们缺乏识别价值的能力导致的。

本书的目标，是培养读者的这种能力，让零售从业者，以及更普遍的商业公司管理者、职员能够识别那些从前不曾识别的东西，并从中获得新的领悟。

拥有这种领悟之后，读者应该会发现，我们对于"感性"有了更为敏锐的洞察力，以前觉得"不算什么"的事情，都显示出了更加深刻的道理。这是因为，这种认知的提升，让我们重塑了理性，也让我们获得了螺旋式的思维提升。

本书开篇讲到，人们习惯于线性地看待世界、看待零售、看待认知，认为一切现象都是有因有果，逻辑严谨的。注意，这对于本书阅读或者学习来说，是一种悖论，因为沿着这种惯性视角，大家会把本书提到的理论线性化，认为那些理论是亘古不变的原理，是放之四海而皆准的法则，而忽略了本书强调的更为本质的东西，即世界运行最重要的道理——随机性。

《孟子·尽心下》中有这样一句话，尽信书，不如无书。本书的价值，不在于其中的知识有多大的作用，而在于为读者开启崭新的思路，促使读者获得更多的深度思考和洞见判断。

和"一切都在变化"这个不容置疑的"真理"不同，人性是比较稳定、变化缓慢的，这给了我们思考这类问题一个基石。我们用行为经济学的视角去看待零售、完善"零售学"，正是依据于此。我们相信，这种探索是有着长期价值的。

很多读者应该已经发现了，本书的核心"矛盾点"是扔掉传统vs.掌握原理。

翻阅了一本书的行为经济学观点，以及笔者的絮叨，读者应该可以理解这种观念：矛盾不是错误，不是漏洞，而是前进的动力。

衷心希望读者既能看到知识的局限性，逃开线性因果的束缚，又能怀着一种信念，努力提高自己的思维水平和学识、见识，用新颖的能力应对越来越复杂的未来。

希望从这里开始，我们可以重新认识零售、认识顾客、认识交易、认识团队，并且借助这些新认识，激活我们的新觉察——对自己以往经验、知识、习惯、信念的崭新看法。

希望我们对世界的新认知，成为我们塑造新世界的开始。